Les métiers de la Défense

Dans le cédérom: listes des formations et adresses des établissements.

RELEVER LES DÉFIS DU TROISIÈME MILLÉNAIRE

Professionnaliser l'armée française, pour qu'elle redevienne une puissance crédible sur la scène internationale.
Un objectif ambitieux, dont les premières étapes viennent d'être franchies avec succès. En ligne de mire, désormais, le modèle 2015 d'une armée mieux équipée et plus performante. Sans rompre avec les valeurs héritées du passé.

Enjeux

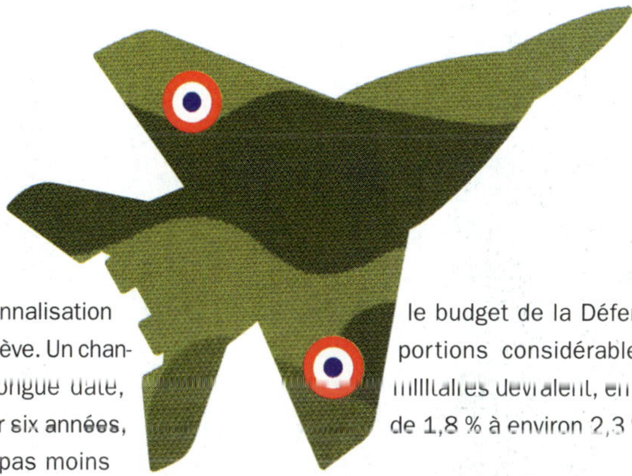

2003 : la professionnalisation des armées s'achève. Un chantier planifié de longue date, qui s'est étalé sur six années, mais qui n'en a pas moins entraîné de sérieux bouleversements : suppression du service national et remplacement par une simple journée d'appel de préparation à la défense, recrutements tous azimuts de jeunes pour compenser le manque lié à la fin de la conscription, restructurations visant à réduire les coûts de fonctionnement et à gagner en efficacité… La réduction globale des effectifs à laquelle toutes ces manœuvres ont déjà abouti est impressionnante : l'armée de terre, par exemple, est passée depuis 1996 de 236 000 hommes à 136 000 soldats, tous professionnels.

C'est donc une armée profondément transformée qui s'apprête à relever les défis du troisième millénaire. Une autre impulsion a été donnée par le président de la République en personne qui, dès juillet 2002, a annoncé la construction d'un second porte-avions (1). Ce qui permettra à la Marine nationale de ne pas se retrouver dépourvue lorsque le *Charles-de-Gaulle* est immobilisé pour cause de maintenance. La loi de programmation militaire pour les années 2003 à 2008 est venue, depuis, confirmer cette volonté de l'État de doter l'armée de moyens qui soient davantage à la hauteur de ses ambitions. Le projet de loi prévoit d'augmenter le budget de la Défense dans des proportions considérables : les dépenses militaires devraient, en effet, être portées de 1,8 % à environ 2,3 % du PIB.

Entrer en concurrence avec le secteur civil

Ce texte érige pour modèle une « armée 2015 » qui, à cette date, aurait atteint un taux d'équipement satisfaisant et pourrait compter sur des professionnels qualifiés. Une armée aux missions enrichies, puisqu'elle joue d'ores et déjà un rôle déterminant dans la lutte antiterroriste, par exemple. À ce contexte de valorisation des forces militaires, il faut bien sûr ajouter les mesures prises par le ministre de l'Intérieur, pour renforcer la sécurité intérieure du pays et les moyens qu'il a décidé de déployer à cet effet : 7 000 nouveaux postes de gendarmes devraient être créés d'ici à 2007. Les gendarmes, rappelons-le, dépendent, eux aussi, du ministère de la Défense.

Au moment même où des efforts importants sont consentis d'un point de vue budgétaire, des inquiétudes ou, tout au moins, des interrogations se font jour sur les plans humain et qualitatif. Qui composera la future armée ? Le besoin impératif de recruter en masse ne risque-t-il pas d'aboutir, en fin de compte, à un nivellement par le bas ? La hiérarchie militaire saura-t-elle se comporter comme un chef d'entreprise à part entière et mettre en place, au-delà de l'embauche, une véritable politique des ressources humaines ?

« Pour nous, le challenge, c'est de passer à un esprit de mise en concurrence avec le civil, explique le colonel Estripeau, chef du bureau communication et information au Service de santé des armées. *Nous devons adopter des méthodes de recrutement plus offensives et convaincre les jeunes qu'ils seront mieux chez nous qu'ailleurs. »* D'où le soin apporté aux campagnes de recrutement qui ont fleuri ces dernières années dans les médias, en usant d'arguments tous plus séduisants les uns que les autres : *« Vivez solidaire », « Vivez sans frontières », « Vivez intense »*, ou encore *« Marine nationale : 35 métiers, une aventure »*. Attirer des candidats ne suffit pas. Plus que jamais, l'armée devra jouer son rôle de formateur, offrir des conditions de travail et des évolutions de carrière intéressantes à ses jeunes recrues pour leur donner envie de rester.

Des soubresauts contestataires, mais pas de révolution

Les autorités militaires devront également composer avec cette nouvelle donne : considérée il y a peu de temps encore comme un sanctuaire d'obéissance et de discipline, la « Grande Muette » n'est désormais plus hermétique aux mouvements revendicatifs qui agitent les autres secteurs d'activité. Plusieurs sonnettes d'alarme ont déjà été tirées : les gendarmes, les premiers, sont entrés en effervescence pour obtenir davantage de considération et d'argent. Moins connu, mais pas moins réel : les soldats de l'armée de terre ont, eux aussi, exprimé leur mécontentement lors d'une session extraordinaire des Conseils de la fonction militaire qui s'est tenue en février 2002 à Paris. Un communiqué peu amène réclamait une rallonge budgétaire pour une armée qualifiée de *« pauvre, affaiblie et qui arrive à bout de souffle »*. Décidément, le *« nouvel homme des casernes »* (2) ne ressemblera pas à ses prédécesseurs. Son objectif, en revanche, reste inchangé : aujourd'hui comme hier, il s'agit avant tout de défendre les intérêts de la nation. Et le respect des traditions demeure une composante essentielle de la mentalité des militaires, tout particulièrement chez les officiers. Les 200 ans de l'école de Saint-Cyr, qui viennent d'être célébrés avec faste et cérémonie, en ont apporté, si besoin était, une éclatante démonstration. Dans un récent entretien au *Figaro Magazine*, l'historien Raoul Girardet (3) constatait : *« L'armée attire toujours des jeunes gens qui ont une certaine conception de l'ordre, de l'autorité, de la solidarité. »* En devenant un secteur professionnel à part entière, l'armée ne s'est pas pour autant banalisée : elle n'a rien perdu de sa spécificité et s'efforce de garder intact son prestige. Certaines valeurs sont si solidement ancrées dans les esprits qu'elles sont capables de résister à toutes les turbulences... ●

(1) À l'heure actuelle, la France dispose d'un seul porte-avions, le *Charles-de-Gaulle*, qui a la particularité d'être à propulsion nucléaire.

(2) *À la recherche du nouvel homme des casernes,* titre d'un documentaire qui a été diffusé en octobre 2000 sur France 5, et qui avait pour thème la refondation de l'armée de terre.

(3) Entretien paru dans *Le Figaro magazine* daté du samedi 13 juillet 2002. Ancien professeur d'histoire à la Sorbonne et à l'IEP (Institut d'études politiques), Raoul Girardet est un spécialiste de l'armée.

emploi

%

© ECPAD

Équipements de pointe, personnel ultraspécialisé

la défense des intérêts stratégiques de la France, dans les airs, sur mer.

Dans les fonds sous-marins.

Plan Vigipirate à Paris.

Intervention en Bosnie : l'armée de terre au service

des populations civiles.

DES BATAILLONS À RECRUTER

Le ministère de la Défense projette d'embaucher plus de 30 000 personnes par an en moyenne, entre 2003 et 2008. C'est dire que les opportunités seront nombreuses. Dans toutes les spécialités et à tous les grades.

L'armée se féminise

La Défense n'est plus une citadelle masculine. En 2001, les femmes représentaient 36 % des civils et environ 10 % des militaires. Il leur reste toutefois à prendre du galon, car elles ne forment que 6 %, des officiers. Une féminisation qui va se poursuivre puisque plus de 20 % des recrutements actuels concernent la gent féminine.

« Nous souhaitons recruter environ 42 400 militaires et 3 000 civils en 2003, ce qui fait de nous le premier recruteur de France devant l'Éducation nationale. Nous embauchons actuellement autant que toute la fonction publique réunie », résume Jean-Michel Palagos, directeur de la Direction de la fonction militaire et du personnel civil du ministère de la Défense. Le décor est planté… et pour un moment! La loi de programmation militaire 2003-2008 ne prévoit-elle pas de recruter en moyenne environ 30 000 personnes par an jusqu'à son terme?

Ces embauches massives sont pour partie inhérentes à une armée désormais professionnelle. Privée de la conscription et du fait de sa mission particulière, la Défense a plus que jamais besoin d'attirer à elle un personnel jeune et souvent qualifié: *« Jusqu'à la suspension de la conscription, la Défense employait, pour de nombreuses tâches, des appelés, souvent très qualifiés, et trouvait parmi eux une part significative des candidats potentiels à l'engagement »*, ajoute Jean-Michel Palagos.

Une volonté politique

Pour conserver une pyramide des âges équilibrée, l'armée procède à des volumes importants de recrutement et en parallèle organise des départs proportionnés, notamment pour ce qui concerne les combattants. Ainsi, en 2001, plus de 33 000 militaires et civils ont quitté le giron de la Défense.

Ajoutez à cela un contexte particulier fait d'événements internationaux (attentats, risques de guerre…), d'interventions de plus en plus fréquentes en France comme à l'étranger… Un contexte qui justifie aux yeux des autorités politiques la volonté de renforcer encore l'institution en moyens humains et qui trouve sa concrétisation dans le vote de la loi de programmation militaire 2003-2008. *« Après trop d'années consacrées à attendre les dividendes de la paix, un effort nouveau est devenu nécessaire pour nous mettre en mesure de défendre nos concitoyens, en France, en Europe et dans le monde »*, affirme l'exposé des motifs de ce projet de loi.

Autant dire que la situation d'un jeune souhaitant intégrer l'institution militaire est des plus favorable aujourd'hui. On l'attend même à bras ouverts!

À chacun selon ses besoins

Chaque armée ou service est loin de représenter le même poids en personnel. Les recrutements prévus seront proportionnels à l'importance des effectifs globaux. À tout seigneur, tout honneur, c'est bien l'armée de terre qui se taille la part du lion. Les objectifs de recrutement externe pour 2003 portent sur une estimation de 17 500 personnes. La Marine nationale envisage de son côté

Objectifs de recrutement externe

Par armée ou service, en 2003

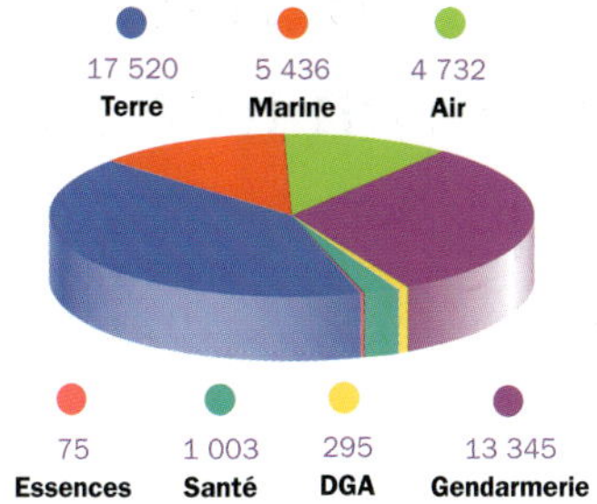

Par catégorie de personnel, en 2003

Source : Ministère de la Défense, SGA, DFP.

Besoins annuels de recrutement 2003-2008

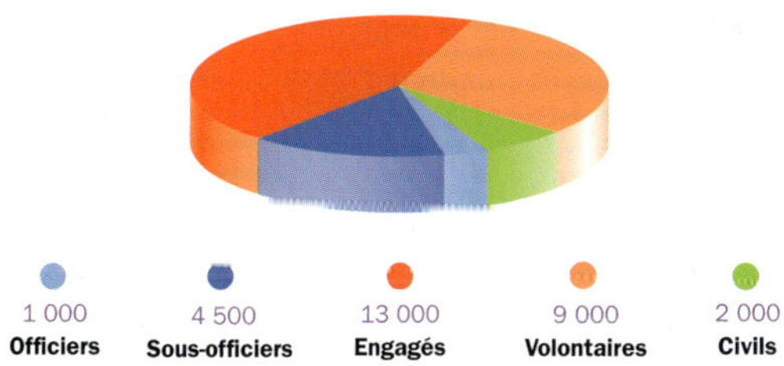

***Source :* Projet de loi de programmation militaire 2003-2008.**

d'embaucher environ 5 500 professionnels et l'armée de l'air 4 700.

Le Service de santé des armées figure aussi parmi les gros recruteurs. Un millier d'agents est attendu en 2003 dans tous les métiers médicaux et paramédicaux... avec les mêmes difficultés pour les trouver que dans le secteur civil de la santé.

Cas un peu particulier, la gendarmerie, dont les missions concernent plus la sécurité que la défense. Les recrutements seront également très conséquents dans ce corps. Plus de 13 300 nouveaux gendarmes devraient enfiler l'uniforme en 2003. Ces embauches relèvent pour partie de la loi d'orientation et de programmation sur la sécurité intérieure. Enfin, quelques recrutements à prévoir du côté de la DGA (environ 300) et du Service des essences (environ 75).

Dans toutes ces armées et services, on trouve des militaires mais aussi des civils. Leur place est même essentielle puisqu'ils

En matière de recrutement, c'est l'armée de terre qui se taille la part du lion.

Évolution des effectifs civils et militaires 2003-2008

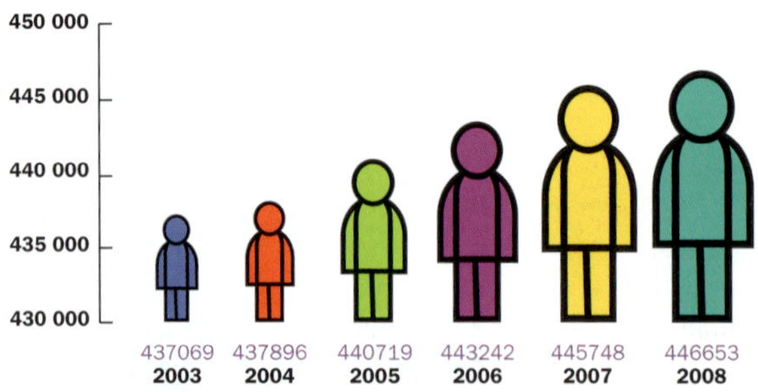

Source : Projet de loi de programmation militaire 2003-2008.

Devenir volontaire

En 2001, les volontaires représentaient seulement 4 % des effectifs militaires. La loi de programmation 2003-2008 prévoit de leur accorder une plus large place. 9 000 volontaires en moyenne par an devraient être recrutés. Cette formule peut permettre d'acquérir une première expérience professionnelle, d'une durée d'un à cinq ans.

représentent désormais près de 20 % des effectifs globaux (*voir encadré p. 17*). Les recrutements dans cette catégorie de personnel concernent environ 3 000 personnes en 2002.

Du volontaire à l'officier

L'armée recrute et continuera de recruter à tous les échelons. Mais les embauches les plus massives sont à prévoir du côté des volontaires et des hommes du rang. Ces deux dernières catégories devraient absorber 75 % des recrutements en 2003. « *Le nombre de militaires du rang sous contrat a plus que doublé en l'espace de cinq ans et va constituer à lui seul la moitié des recrutements de la Défense,* confirme Jean-Michel Palagos. *Le recrutement de cette catégorie de personnel est une des principales préoccupations des armées professionnelles, que ce soit en Grande-Bretagne ou aux États-Unis.* » Les sous-officiers connaîtront également des recrutements importants, environ 8 500 personnes seront concernées en 2003 puis 4 500 par an, en moyenne dans la période 2003-2008. En 2003, ils devraient représenter 21 % des embauches. Enfin, 1 000 à 1 500 nouveaux officiers devraient intégrer l'armée chaque année jusqu'en 2008.

Pour autant, ne rentre pas qui veut dans l'institution. Au concours de 1re année de Saint-Cyr, il y a 1 poste pour 8 candidats. À Navale, 1 poste pour 18 candidats. L'École de l'air se montre tout aussi sélective : 1 admis par an pour 10 candidats environ. Pour les sous-officiers, c'est un peu plus facile mais pas pour autant joué d'avance. À Maistrance et à l'ENSOA, un candidat sur trois en moyenne est finalement recruté.

Reste la possibilité d'intégrer l'armée en signant un contrat. La moitié des nouveaux officiers proviendront de cette filière. Ainsi, l'armée de terre projette d'embaucher en 2003 environ 400 officiers sous contrat et l'armée de l'air 121.

Combattants et spécialistes

Compte tenu du grand nombre de métiers différents que propose la Défense, les besoins concernent des spécialités extrêmement variées. On embauchera bien sûr des combattants, mais ce ne sont peut-être pas eux les plus difficiles à attirer : « *Le soldat, on le trouvera toujours. Le combat, c'est encore un mythe qui fonctionne* », indique-t-on au CIRAT de Paris. Toutefois, certaines spécialités recrutent plus que d'autres : pilote de char ou d'engins blindés, grenadier-voltigeur, matelot, fusilier marin, fusilier commando…

Par contre, les besoins des armées en métiers du bâtiment, métiers de bouche, informatique, maintenance, finances et gestion, télécommunications, santé, transport et logistique… sont moins connus mais bien réels. Cuisiniers, mécaniciens, conducteurs routiers, analystes-programmeurs, comptables, électriciens, architectes, médecins, aides-soignants, infirmiers, contrôleurs de gestion, électroniciens, électrotechniciens... Parler des métiers où l'armée embauche tournerait vite au catalogue. Et, finalement, ne serait pas très original, tant les besoins peuvent se retrouver dans bien d'autres secteurs que celui de la Défense. Ils reflètent ainsi assez fidèlement ceux du marché du travail.

Rude concurrence sur le marché de l'emploi

L'armée n'est pas le seul secteur qui devrait recruter. Elle affrontera donc une vive concurrence sur le marché de l'emploi dans les années qui viennent. Dans un contexte où les départs à la retraite vont s'accélérer et où la ressource humaine va tendre à se réduire. D'où ses efforts répétés pour séduire. Campagnes de presse, présence sur de nombreuses manifestations, amélioration de la condition des personnels... Depuis peu, l'armée a même mis en place son système d'aménagement et de réduction du temps de travail ! Autre indice, elle diversifie son recrutement. Un exemple : jusqu'à présent, Saint-Cyr était uniquement ouverte aux élèves issus des classes préparatoires et aux titulaires de licence. Depuis 2002, les titulaires d'un diplôme de 3e cycle peuvent directement rejoindre la 3e année sur titre. En 2003, on pourra intégrer la 2e année de l'école avec un bac + 4. Et, si vous n'êtes pas passé par une grande école militaire, il vous reste encore la possibilité des contrats d'engagés volontaires ou encore d'officiers après un bac + 2 ou bac + 3. Le dispositif de recrutement permet à chacun de trouver sa place. Reste la question des salaires pour lesquelles l'armée n'est pas toujours la mieux placée, malgré les revalorisations des soldes, décidées ces dernières années. Mais l'armée possède d'autres atouts, notamment la formation interne et les possibilités de reconversion ultérieure.

Les civils en première ligne

Sans civils, l'institution militaire aurait du mal à tourner. En 2002, ils représentaient 19 % du personnel de la Défense. Près de 100000 personnes travaillent sous ce statut dans les forces, les organismes de soutien et en administration centrale. Leur rôle est encore plus crucial depuis la professionnalisation des armées. Répartis en trois catégories : les fonctionnaires (42000 environ), les agents sous contrat (7000 environ) et les ouvriers d'État (50000 environ), ils exercent dans des corps de métiers variés : administration, domaines techniques, secteur médico-social... À signaler : 36 % des civils sont des femmes alors qu'elles ne forment qu'environ 10 % du personnel militaire.

• Des recrutements par milliers

Aujourd'hui les principaux emplois créés concernent les fonctionnaires. Ils sont recrutés par concours comme pour tout emploi de la fonction publique. La participation au concours nécessite la possession de certains diplômes ou qualifications : niveau A ou niveau I (bac + 3) ; niveau B ou II (bac, BTS-DUT, diplôme d'État) ; niveau C ou III (BEP, CAP, diplôme professionnel ou aucun diplôme) et est soumise la plupart du temps à une limite d'âge. L'affectation des lauréats se fait selon les besoins du ministère, en fonction du classement des lauréats et de leurs vœux. En 2002, près de 3000 civils devraient être recrutés dont environ 300 dans les métiers de la restauration, 250 administratifs, 180 informaticiens, 150 aides-soignants... Les années suivantes, les recrutements devraient se poursuivre au rythme d'environ 2500 personnes par an.

***Renseignements*: Direction de la fonction militaire et du personnel civil, sous-direction de la gestion du personnel civil, bureau des concours et des emplois réservés, 26 boulevard Victor, 00463 Armées, tél. : 0145525088 (de 14h30 à 17 h).**

Conseils de recruteurs

À chacun selon son parcours

Jean-Michel Palagos, directeur de la Direction de la fonction militaire et du personnel civil (DFP) du Secrétariat général pour l'administration

« Il n'y a pas véritablement de profil pour entrer dans l'armée. Nous proposons une palette d'environ 500 métiers qui permettent à chacun, en fonction de sa personnalité et de ses diplômes, de trouver son bonheur. À condition d'avoir l'aptitude physique et psychotechnique voulue, le jeune qui franchit nos portes, se voit forcément proposer quelque chose. C'est le rôle des services de recrutement de conseiller et d'orienter ces jeunes. »

Un choix de vie avec ses contraintes

Sous-lieutenant Sébastien Bouteloup, officier communication du régiment de marche du Tchad de Noyon

« Avec la professionnalisation, on a besoin de spécialistes avec une grande motivation. Compte tenu des conditions de travail particulières, il faut avoir la notion de service, savoir se donner pour les autres… L'engagement militaire doit être le fruit d'une réflexion personnelle, car c'est un choix de vie avec ses contraintes. »

Pas de place pour les individualistes !

Major Muriel Garat, adjointe au commandant du bureau armée de l'air information de Paris

« Travailler dans l'armée suppose de se remettre sans cesse en question : il faut passer des concours tout au long de sa carrière, accepter les mutations, faire régulièrement du sport pour se maintenir dans une bonne condition physique. Inutile de s'engager, de toute façon, si l'on n'est pas disposé à faire preuve de rigueur et de discipline. L'armée, c'est aussi le respect de certaines valeurs et une mentalité particulière. Il n'y a pas de place chez nous pour les individualistes. Il existe une réelle cohésion entre les militaires, soudés par quelque chose qui dépasse le simple esprit d'équipe : je veux parler de l'amitié. »

Un médecin militaire, c'est avant tout un médecin !

Médecin en chef Christian Estripeau, chef du bureau de la communication et de l'information au Service de santé des armées

« Un médecin militaire, c'est avant tout un médecin. Il y a une médecine civile qui se fait au profit d'une collectivité militaire. C'est une façon de vivre la médecine et en même temps de servir la France. La formation militaire nous permet de nous sentir à l'aise dans l'armée, de mieux répondre à ses besoins. Mais ce qu'on attend de nous, c'est d'abord d'avoir des compétences médicales. »

Besoin de profils scientifiques et techniques

Capitaine de frégate Denis Bertrand, chef de la section « recrutement officiers » au Service d'information sur les carrières de la marine

« Dans la Marine, il y a une identité et une culture très fortes : nos métiers sont spécifiques et la vie sur un bateau n'est comparable à rien d'autre. Nous travaillons avec des équipements de haute technologie et sur des systèmes très complexes, qui demandent une organisation rigoureuse. Nous avons donc besoin de profils scientifiques et techniques. Pour autant, nous ne voulons surtout pas être monolithiques. Les marins sont aussi des ambassadeurs itinérants, qui donnent une certaine image de la France. C'est notamment pour cette raison que l'École navale est en train d'élargir son vivier de recrutement. »

Prêt pour la vie en mer !

Capitaine de corvette Jean-Marie Congost, chargé du recrutement au Service régional d'information sur les carrières de la Marine, région Ouest (Rennes)

« Le slogan de la Marine n'a pas été inventé par hasard. Lorsqu'on dit aux jeunes qu'ils vont vivre leur métier de façon *intense, solidaire et sans frontières*, c'est la réalité ! *Intense*, car le militaire est aussi un marin… Il sait que c'est la mer avec ses caprices météorologistes qui commande et pas l'homme… Sans oublier les risques de conflits militaires, toujours omniprésents puisque nous sommes des professionnels d'une armée ! *Solidaire*, car le militaire-marin travaille toujours en équipe. Pour cela, il ne faut pas être trop introverti ou exagérément timide, c'est incompatible avec la vie en mer sur un navire ou, à plus forte raison, dans un sous-marin qui part en mission pendant trois mois… Enfin, *sans frontières*, ça veut dire qu'il faut aimer les grands espaces, la mer et la découverte des autres cultures pendant les permissions à l'étranger. La Marine, c'est vraiment la possibilité de vivre son métier autrement. »

Le sens du service aux personnes

Aspirant Alexia Ferra, officier de communication à la Direction générale de la gendarmerie nationale, bureau du recrutement (Paris)

« La gendarmerie recherche des personnes ayant le goût de l'action et des responsabilités, le sens du contact et le souhait d'être au service des gens, de se rendre utile. Les candidats doivent faire preuve d'un certain équilibre psychologique, quels que soient le niveau du recrutement et le métier postulé. Les futurs gendarmes doivent aussi manifester une forte motivation pour le travail d'équipe, c'est primordial !.. Nos principaux atouts pour recruter des jeunes ? La gendarmerie leur offre une perspective de carrière sécurisante et épanouissante… Ensuite, la variété de métiers proposés est telle que chacun trouvera son compte. Il pourra même, s'il le désire et s'il en a les capacités, évoluer vers des postes exigeant de plus grandes responsabilités. La palette des spécialités est vaste dans la gendarmerie : on peut, en cours de carrière, changer de métier… Ce n'est pas commun ! »

PROFESSION MILITAIRE

Féminisation du personnel, recrutement de civils en nombre... l'armée change de visage. Jusqu'à un certain point. Obéissance, loyauté, esprit de corps, mobilité et disponibilité restent ses mots d'ordre.

Droit comme un piquet, le torse gonflé, les talons serrés, la main sur la tranche à hauteur du front, criant d'une voix puissante et masculine *« À vos ordres, mon général »*. C'est souvent la première image qui nous vient lorsque nous évoquons le militaire. Une image aujourd'hui à nuancer, étant donné la féminisation des armées (les femmes représentent 7,5 % des effectifs français, pourcentage le plus important d'Europe) et l'augmentation du nombre de civils, suite à la professionnalisation (*voir l'encadré*). Si ces nouveaux paramètres influencent progressivement les mentalités, le militaire, quel que soit son métier : boulanger, mécanicien ou sauveteur en montagne, reste néanmoins et avant tout un soldat. Un agent de l'État. Ce qui l'engage à respecter un certain nombre d'obligations. *« Le militaire est toujours dans une logique de structure, d'ordres de mission, de mécanisme de devoir,* explique Philippe, commis aux vivres dans la Marine. *Ici, on ne pose pas de questions, on fait son travail. Ce qui n'exclut pas non plus les responsabilités, mais limitées aux missions qui nous sont attribuées. »* L'obéissance à ses supérieurs est effectivement le maître mot de l'armée, ainsi que l'obligation de réserve qui limite le droit d'expression de chaque militaire. S'il jouit de tous les droits et libertés reconnus aux citoyens, il ne peut pas se syndiquer et n'a pas non plus le droit de grève. Il ne peut accéder à tous les pouvoirs politiques ni adhérer à un parti.

CIVILS : UN STATUT À PART

Avec la professionnalisation de l'armée, le personnel civil est passé de 13 % en 1996 à 19 % en 2002. Comme les autres agents d'État, il est soumis à un devoir de réserve et doit une certaine obéissance à sa hiérarchie. Qu'il soit fonctionnaire, relevant du statut général de la fonction publique d'État, agent à contrat à durée déterminée ou indéterminée ou ouvrier d'État, il n'est ni soumis aux mêmes règles de mobilité que le militaire, ni envoyé en opération à l'étranger.

Et la vie de famille ?

Plus contraignant encore, le militaire peut être appelé à servir en tout temps et en tout lieu. Mobilité et disponibilité, inhérentes à la fonction militaire, limitent la routine, il est vrai, mais peuvent devenir un problème lorsqu'on fonde une famille. Concrètement, le militaire peut non seulement être amené, avec un préavis très court, à partir pour une mission de deux à six mois, selon son grade et sa fonction, en France ou à l'étranger. Mais il est également soumis à une obligation de mutation tous les 3 à 5 ans. Autrement dit, soit sa famille le suit, ce qui induit des changements d'écoles pour les enfants et de travail pour les époux ou épouses, soit le militaire choisit le célibat géographique et retrouve sa famille quand il le peut...

Un aspect quotidien à ne pas négliger non plus, c'est la vie en communauté et le travail en équipe, qui participent de l'esprit de corps. Il faut savoir que dans un sous-marin ou sur un bateau, on peut être amené à côtoyer dix personnes dans autant de mètres carrés !

BOUGER POUR ÉVOLUER

Rares sont les militaires qui vivent leurs mutations comme une contrainte: la mobilité géographique est souvent synonyme d'évolution. Quant aux missions à l'étranger, elles sont des expériences «enrichissantes»... dans tous les sens du terme!

Les mutations font partie intégrante de la vie du militaire, mais leur rythme varie énormément selon les catégories de personnel. Ce sont les officiers qui sont le plus fréquemment déplacés. Tous les trois ou quatre ans, environ. Pour les sous-officiers, une affectation dure, en général, entre sept et dix ans. Une mobilité géographique qui, dans l'armée, se conjugue, la plupart du temps, avec un changement d'emploi ou de grade. Comme le souligne Marcel Tostivint, chef du bureau des effectifs à la sous-direction de la fonction militaire, *« on ne déplace pas les personnels pour le plaisir de les déplacer. Cela s'inscrit toujours dans un processus de déroulement de carrière »*. Précédé par une série d'entretiens d'évaluation avec le gestionnaire des ressources humaines, un changement d'affectation se prépare, en général, un an à l'avance.

Le célibat géographique

La plus grosse partie des mutations intervient l'été. Par respect de la scolarité des enfants. En ce qui concerne le lieu d'affectation, les vœux ne peuvent, bien sûr, pas toujours être exaucés. Au sortir des écoles, c'est la notation qui fait la différence. Mais plus on avance dans sa carrière, plus on a de chances de voir ses desiderata pris en compte. Le général Christian Huberdeau, adjoint au directeur de la fonction militaire et du personnel civil, évoque *« les arrangements que l'on essaie en permanence de trouver entre les souhaits des individus et les besoins de l'institution »*.

Le soldat muté bénéficie, par ailleurs, de tout un dispositif d'aides (*voir ci-contre*). Un problème subsiste, cependant, pour les conjoints qui ne sont pas sûrs de trouver un emploi équivalent ailleurs. D'où le « célibat géographique », un phénomène qui prend de l'ampleur. En particulier chez les marins qui disposent d'un panel très limité d'implantations en France (Brest et Toulon concentrent la majorité des effectifs). Lorsqu'un officier de Marine sait qu'il ne part que pour deux ans sur une base navale, il est courant que son épouse renonce à le suivre et reste dans le poste précédent. Surtout si les enfants sont déjà grands. Et que le mari est en fin de carrière.

Dans le cœur du métier

Autre type de mobilité : celle qui se déploie à l'extérieur du territoire national. Opérations d'urgence (intervention en Afghanistan, coup d'État en Côte-d'Ivoire...), missions plus longues (maintien de la paix dans les Balkans avec les « casques bleus » de l'ONU...), longs séjours dans le cadre d'accords de coopération... Dans ce dernier cas, l'expatriation dure, en général, deux ans et le militaire a le droit de partir, avec sa famille. Pour une mission en ex-Yougoslavie, par exemple : c'est toute une unité qui est

DÉMÉNAGER EN TOUTE TRANQUILLITÉ

Lorsqu'ils sont mutés, les militaires français ne sont pas livrés à eux-mêmes. Ils bénéficient de nombreuses aides, notamment financières. Outre le remboursement du déménagement, sont prévus des jours de permission pour aller reconnaître le futur logement, des aides au logement sous forme « immobilière » (la Défense dispose d'un parc de logement locatif) ou « pécuniaire » (versement d'une indemnité pour aider à payer le loyer).

désignée pour aller assurer la relève. Les soldats concernés sont cependant avertis suffisamment tôt pour pouvoir s'organiser.

Avec, de temps à autre, quelques couacs administratifs. Un sous-officier raconte : *« Une fois, on m'a signalé que j'étais pressenti pour partir à Djibouti. Le seul problème, c'est que j'étais déjà à Mostar. »* Des « télescopages » qui, se font de plus en plus rares. Dans les situations d'urgence, par définition, tout préavis disparaît. Mais on est alors *« dans le cœur du métier »* pour reprendre l'expression du général Huberdeau et c'est le fameux article 12 du statut militaire qui s'applique : *« Les militaires doivent être entièrement disponibles, car ils peuvent être appelés en tout lieu et en tout temps. »*

EXPATRIATION ADOUCIE

Le courrier électronique a révolutionné la vie à bord des sous-marins en permettant aux militaires de rester en contact avec leur famille. Les militaires envoyés dans les Balkans disposent, par exemple, de « foyers » qui fournissent toutes sortes de prestations (blanchisserie, loisirs, connexions internet…) ; le ministère de la Défense a passé des accords avec les opérateurs téléphoniques pour que les soldats qui appellent de leur mobile bénéficient de réductions. L'armée met à la disposition des familles restées en métropole des informations sur le territoire où est parti le militaire, des cassettes tournées sur place, voire des juristes pour les aider à résoudre certains problèmes de la vie quotidienne…

Le besoin d'exotisme et d'aventure figure en bonne place dans les motivations des jeunes qui s'engagent dans l'armée. Une raison valable, a fortiori s'ils sont recrutés en bas de l'échelle. *« C'est au niveau des hommes du rang que l'armée offre des perspectives qu'on ne trouve nulle part ailleurs »*, fait remarquer le général Huberdeau. Les avantages financiers sont aussi très attractifs : les militaires affectés à l'étranger pour une longue période voient, en effet, leur solde augmentée dans des proportions non négligeables.

Attention, cependant : bourlinguer dans le monde peut vite devenir une « drogue » et finir par freiner une carrière. *« À l'époque où je commandais une unité,* se souvient le général Huberdeau, *il m'est arrivé de défendre des gens contre eux-mêmes. Certains de mes sous-officiers préféraient enchaîner les missions à l'étranger plutôt que de prendre le temps de passer un concours interne pour devenir officiers. Je les en ai dissuadés et, quelques années plus tard, ils m'ont remercié. »* L'expatriation : un plaisir à consommer avec modération…

PRÉPARER SA RECONVERSION

Professionnalisation oblige, les carrières militaires sont devenues plus courtes. L'armée a donc mis en place des structures pour permettre aux militaires de se réinsérer dans le civil.

Avec la professionnalisation, l'armée est de moins en moins cet employeur public qui garantit un travail à vie, ou tout au moins jusqu'à la retraite. Les flux de personnels sont plus importants, tant en matière de recrutement que de départs. Car, qui dit armée professionnelle dit armée de jeunes militaires, la plupart sous contrat. Or, pour percevoir la pension militaire de retraite, le militaire doit avoir accompli au moins 15 ans de service. Et la plupart des nouveaux engagés restent 5 à 10 ans en moyenne.

Pour leur garantir un retour à la vie civile active en douceur, l'armée a donc élaboré un système d'aide à la reconversion plutôt bien adapté, qui demande toutefois efforts et motivation. *« Le passage vers le privé ne va pas de soi,* prévient François Roussel, 26 ans, qui a démissionné dès la fin de Saint-Cyr, en 1999, pour intégrer Bouygues Telecom. *Le militaire pense trop souvent que seul le parcours du combattant est difficile. C'est faux!»* (1)

Choc culturel

Car le choc culturel est violent. Arnauld de Miollis, 59 ans, ex-lieutenant-colonel devenu délégué général du Syndicat des fabricants de produits laitiers souligne: *«On quitte un univers où tout le monde vous salue pour entrer dans un autre où des jeunes aux cheveux longs vous tutoient! On n'est plus rien! À l'armée, j'avais un seul supérieur auquel j'en référais. Maintenant, j'ai des chefs partout aux pouvoirs pas toujours très bien définis.»* Évidemment, le décalage est d'autant plus facile à gérer qu'on a moins d'années de service derrière soi. *«Chaque année, 40 % des départs sont le fait de gradés qui ont moins de 25 ans de carrière,* explique un responsable de l'Association des saint-cyriens dans la vie civile (ASCVIC). *Ceux-là se recasent sans trop de problèmes. En revanche, nous rencontrons beaucoup de difficultés à reconvertir les 25 % d'officiers qui partent vers la cinquantaine.»* Et une fois dans l'entreprise, de nombreux réflexes sont à changer. Le militaire est formé pour diriger un centre de coûts, il doit donc rester dans les limites budgétaires pour accomplir sa mission. Dans le privé, on lui demande de diriger un centre de profits et de faire la chasse au gaspillage…

Mais les difficultés sont toutefois à nuancer, puisque de nombreuses qualités propres au militaire sont appréciées par les entreprises. Ainsi, la rigueur, la ponctualité, la politesse, la disponibilité, la discipline, l'honnêteté, le respect des procédures de travail, le sens de l'organisation, l'esprit de décision et le sens du commandement. Les secteurs dans lesquels les anciens militaires retrouvent le plus souvent un travail sont le transport et la logistique, la mécanique, l'électricité, l'électronique, les services aux personnes et aux collectivités, enfin les services administratifs et commerciaux.

Penchons-nous à présent sur le dispositif mis en place par l'armée, auquel peut accéder tout militaire qui a accompli plus de 4 ans de service. Il existe huit centres interarmées de reconversion (CIR), une dizaine de bureaux Marine mobilité, un Bureau d'aide à la reconversion des militaires de l'armée de l'air, l'Association pour la reconversion des officiers et des sous-officiers (ARCO) et cinq bureaux d'aide à la reconversion civile (BARC) pour l'armée de terre. Entre deux ans et 18 mois avant son départ, le militaire s'y prépare en définissant son projet professionnel avec des officiers-conseils. Ce projet va entraîner son parcours de reconversion: il pourra bénéficier d'une formation professionnelle et obtenir un diplôme, dès lors que ses capacités et acquis ne sont pas immédiatement transposables dans le métier choisi. Ou, s'il détient suffisamment de compétences, il bénéficiera d'un accompagnement vers l'entreprise (adaptation en entreprise, formation gratuite en entreprise, aide à la création ou à la reprise d'entreprise, techniques de recherche d'emploi, le prêt à la création ou à la reprise d'entreprise). Et tout cela, sous statut militaire, autrement dit en continuant à recevoir sa solde. Suivant ses besoins et son projet professionnel, le militaire bénéficie en effet d'un congé de reconversion pouvant aller jusqu'à six mois en solde entière, qui peut être prolongé de six mois supplémentaires, en solde réduite, par un congé complémentaire. Si cette période n'a pas été suffisante, le militaire conserve le droit d'accès aux bureaux de reclassement des armées, dans les CIR et à l'ARCO, les trois ans suivant la radiation des contrôles (autrement dit, suivant la fin de son service). Et ça marche plutôt bien!

LES EMPLOIS RÉSERVÉS

Des postes répertoriés géographiquement dans les administrations d'État sont réservés aux victimes de guerre, aux travailleurs handicapés et aux… militaires. Cet accès sur concours à la fonction publique concerne les engagés, les sous-officiers de carrière, les réformés définitifs et les officiers de réserve en situation d'activité (ORSA), qui ont accompli quatre ans de services militaires actifs et ont moins de 40 ans. Une voie d'accès spécifique à ne pas oublier!

(1) *Le Point,* 31 mai 2002.

PREMIERS PAS MILITAIRES

CHOISIR SON ARMÉE... ET SA FILIÈRE

Une carrière à l'armée, ce n'est pas comme dans le civil ! Un militaire, c'est avant tout un soldat. Ensuite, il est boulanger, météorologiste, armurier, pharmacien, contrôleur aérien ou espion... Avant de s'engager, il faut tenir compte de l'environnement de son métier : d'une base aérienne à la passerelle d'un navire en passant par un régiment de l'armée de terre à la campagne ou le cadre confiné d'un sous-marin, les conditions de travail – et de vie – sont extrêmement variées ! D'autres paramètres sont à prendre en considération. En effet, chaque corps d'armée ou service spécialisé est une entité culturelle, un monde à part entière. Quoi de commun entre les marins au long cours et les pétroliers du Service des essences ! Us et coutumes, figures symboliques et devises, uniformes et médailles... chacun cultive sa différence, y compris dans sa manière de recruter.

Vous aurez donc à choisir une armée, un métier mais aussi une filière de recrutement. Et le choix est large !

En effet, dans le cadre de la professionnalisation, la Défense a mis en place de nouvelles filières très diverses.

Deux grandes orientations sont possibles :

- vous voulez devenir officier ou sous-officier de carrière, par vocation, ou ambition... Vous devrez alors tenter – et réussir – le concours d'une grande école militaire pour devenir officier, ou bien intégrer une école de sous-officiers ;
- vous voulez profiter de la professionnalisation des armées afin de vivre une première expérience professionnelle pour mieux vous insérer par la suite dans le civil. Ou bien encore, vous voulez simplement vous faire une idée avant de vous engager plus loin ou acquérir de nouvelles compétences en profitant des formations professionnelles proposées par les armées... Vous allez alors signer un « contrat » à durée déterminée. Un contrat renouvelable offrant des perspectives de carrière au sein de l'armée... ou en dehors de celle-ci !

LES STAGES ARMÉES-JEUNESSE

Autre manière de débuter, ou, tout au moins, de se faire une idée de l'environnement professionnel de la Défense : faire un stage dans une armée ou dans les services du ministère de la Défense ou de la Délégation générale pour l'armement... En effet, la Commission armées-jeunesse propose aux jeunes des stages rémunérés de 3 mois. Attention, le délai de constitution du dossier et de réponse est relativement long... Pour plus de renseignements, envoyer un fax à la Commission en faisant le 01 44 42 59 94. Ou un courrier électronique à l'adresse suivante : caj02@wanadoo.fr

S'INFORMER AU BUREAU DE RECRUTEMENT

Pour vérifier si vos aspirations et vos attentes correspondent aux besoins en personnel de la Défense, il est fortement conseillé de se rendre au bureau d'information et de recrutement de chaque armée : le BAI (bureau air information), le BICM (bureau d'information sur les carrières de la Marine), le CIR (centre d'information et de recrutement de la gendarmerie) et le CIRAT (Centre d'information et de recrutement de l'armée de terre). Il y en a forcément un près de votre domicile, car les armées quadrillent le territoire...

Dans ces centres d'information, vous trouverez une abondante documentation sur les métiers, les filières de recrutement et les carrières. Vous pourrez discuter avec des conseillers qui sont là pour vous informer et vous orienter. Les sujets de conversation ne manquent pas. Outre les différentes filières de recrutement susceptibles de vous convenir, il y a tant d'autres sujets à aborder : l'affectation, la vie en régiment, l'évolution de la carrière, la mobilité... et le statut des militaires. Celui-ci est particulier. En effet, les militaires doivent respecter un certain nombre de règles : ils ne peuvent pas se syndiquer et n'ont pas le droit de grève. Ils ne peuvent pas accéder à tous les pouvoirs politiques et ont, vis-à-vis de leur hiérarchie, un devoir d'obéissance renforcée...

Consultez les adresses et coordonnées de ces bureaux dans les pages adresses du guide pratique, ou surfez sur le site internet de la Défense, www.defense.gouv.fr.

PRENDRE LA VOIE DE LA « CARRIÈRE »

Cette filière offre les perspectives de carrière les plus intéressantes, avec à la clé, les postes de responsabilité et de commandement les plus élevés. Revers de la médaille : les conditions d'accès sont évidemment plus contraignantes que pour les autres filières : il faut réussir un concours difficile pour les officiers ou subir avec succès des épreuves de sélection pour les sous-officiers...

OFFICIER

Il faut intégrer une grande école militaire (il y en a une par armée) : l'École navale, l'École de l'air, l'École spéciale militaire de Saint-Cyr (armée de terre) ou encore l'EOGN (École des officiers de la gendarmerie nationale). Deux voies d'accès principales : le concours externe pour entrer en 1re année et les concours sur titre universitaire pour entrer directement en 2e ou 3e année.

Voir dans la partie formations l'article

Paroles de pro

Stéphanie, officier du Service des essences

Un choix précoce

« Lorsque j'habitais encore chez mes parents, il y avait à proximité un grand camp militaire. C'est peut-être ce qui m'a donné l'idée de rentrer dans l'armée. Au lycée, je me suis d'abord intéressée aux métiers de santé de l'armée. Je ne suis pas entrée en médecine, mais l'idée de devenir militaire est restée. Après ma licence, j'ai préparé et décroché le concours de l'École militaire du corps technique et administratif (EMCTA). J'ai choisi le Service des essences des armées. Aujourd'hui, je suis l'adjointe d'un bureau de gestion du personnel. Ça me permet de bien connaître les personnes et les rouages du Service des essences avant de prendre un poste plus opérationnel. »

Benoît, quartier-maître à Toulon

Un stage d'été

« J'ai découvert la Marine en faisant un stage de trois mois, à Cherbourg, pendant les vacances d'été, il y a deux ans. Je venais juste de réussir mon BEP mécanique. Le stage était rémunéré, c'était la première fois que j'étais payé ! Plus sérieusement, j'ai apprécié le travail d'équipe. On n'est jamais tout seul à chercher. Même les chefs bossent avec nous... Et puis, c'est plus original de faire de la mécanique sur une frégate ou un porte-avions que de faire la vidange d'une voiture ! Alors, j'ai opté pour l'engagement initial de longue durée (EILD), on m'a envoyé en formation et me voilà mécanicien naval de la Marine... »

Laurent, pompier à la base aérienne d'Orange

Une mise en confiance

« La première affectation sur une base aérienne démarre par une période de parrainage. Pendant six mois, on vous donne un parrain qui, la plupart du temps, est déjà sous-officier de carrière (au minimum sergent-chef). Cette personne est chargée de vous prendre sous son aile, de vous intégrer et de vous apprendre le travail au sein d'une unité. C'est très important pour pouvoir progresser. »

« stratégies » sur les prépas militaires page 76 et les fiches écoles pages 80, 84, 88, 92.

SOUS-OFFICIER

Plus que jamais, chaque armée cultive sa différence. Soit il faut intégrer une école (Marine nationale et gendarmerie) avec un mode d'accès spécifique. Soit il faut signer au préalable un contrat (armée de terre et armée de l'air) et devenir sous-officier de carrière grâce à la promotion interne.
Voir dans la partie formations l'article « stratégies » page 79.

S'ENGAGER SOUS « CONTRAT »

Les « contractuels » constituent la majorité du personnel militaire recruté par les armées. Leurs conditions de recrutement, de diplôme, d'âge ainsi que la durée des contrats varient d'une armée à l'autre. Les conditions de renouvellement des contrats sont également variables… On les appelle « engagés » ou « volontaires ». La palette des métiers et des spécialités est telle au sein de la Défense que les armées ont multiplié les possibilités d'accès. Parmi ces nombreux contrats, il faut distinguer trois niveaux de recrutement : officier, sous-officier, militaire du rang…

OFFICIER

Les officiers sont engagés pour une durée maximale de services de 20 ans. Ils pourront accéder à des postes de responsabilité ou aux métiers exigeant une grande technicité. À noter qu'ils ne pourront obtenir les postes les plus prestigieux qui sont réservés aux officiers de carrière (commandant d'un porte-avions, chef d'état-major d'une armée…).

● Armée de terre : deux filières pour les titulaires d'un diplôme de l'enseignement supérieur (au moins bac + 2). Celle des « spécialistes » qui regroupe divers domaines de compétence (informatique, électronique, télécommunications…). La durée des contrats varie de 2 à 5 ans, renouvelable jusqu'à 20 ans de service. Celle dite d'« encadrement », qui propose douze fonctions opérationnelles en fonction des compétences du jeune recruté : aéromobilité, génie, sécurité, maintenance, infanterie… La durée des contrats varie entre 5 et 8 ans, renouvelable jusqu'à 15 ans de service, quelle que soit la spécialité.

● Marine nationale : pour les diplômés de l'enseignement supérieur (au moins bac + 3), contrats longs de 5 ans, renouvelables quatre fois, dans les domaines suivants : conduite des opérations, énergie-propulsion, relations publiques, renseignements et relations internationales, direction de foyer, informatique générale, contrôleur des opérations aériennes. Il existe également un contrat court (de 2 à 5 ans, non renouvelable). Il est réservé aux titulaires d'un diplôme de l'enseignement supérieur (bac + 4) et à ceux qui veulent acquérir une première expérience professionnelle. Ses domaines de compétence : le commandement et les services (contrôle de gestion, informatique, recherches scientifiques…), l'enseignement, la psychologie appliquée et le combat (fusilier marin).

La journée d'appel de préparation à la défense (JAPD)
● Intéressé(e) par une carrière militaire ? Profitez de la JAPD ! Ou plutôt de son prolongement… En effet, vous pouvez après celle-ci vous inscrire à une seconde journée avec les armées : cela vous permettra ainsi de découvrir les militaires et les civils de la Défense dans leur environnement professionnel. Autre possibilité, toujours dans le prolongement de la journée d'appel : effectuer une préparation militaire. D'une durée variable (de 15 à 20 jours), cette préparation s'apparente à un stage de découverte au sein d'une brigade, d'un régiment ou d'une base aérienne…

Les civils de la Défense ● Ce sont des fonctionnaires qui travaillent dans trois domaines : administratif, technique et médico-social. La palette des métiers est donc très large. Tous ces fonctionnaires qu'ils soient de catégories A, B ou C sont recrutés par concours comme pour tout emploi de la fonction publique. Pour plus de renseignements, consultez les « Dossiers » de l'ONISEP *Choisir la fonction publique*. Ou sur internet, cliquez sur www.defense.gouv.fr/sga .

• Armée de l'air : contrats renouvelables et jusqu'à 20 ans de service pour les titulaires d'un diplôme du second cycle de l'enseignement supérieur. Les engagés sont soit personnel navigant (pilote de chasse, d'hélicoptère), soit personnel non navigant (mécanicien systèmes aéronautiques, contrôleur aérien, fusilier commando, informaticien...).

• Gendarmerie : recrutement de « volontaires aspirants », à partir d'un bac + 2. Sur l'échelle des grades, ils sont situés entre les sous-officiers et les officiers.

SOUS-OFFICIER

Contrats d'engagement à durée déterminée : la durée initiale et les conditions de renouvellement varient selon les armées et les spécialités. Les sous-officiers représentent la majorité des effectifs (60 %) de la Défense... et 21 % des postes qui devraient être proposés au recrutement externe en 2003 !

• Armée de terre : tous les sous-officiers commencent à travailler comme engagés et intègrent l'École nationale des sous-officiers d'active (ENSOA). Pour cela, les candidats doivent être titulaires du bac et avoir passé avec succès la sélection qui vérifie leurs aptitudes physiques et intellectuelles. Un contrat initial de 5 ans est proposé. Il peut être renouvelé plusieurs fois. Et les domaines sont très variés : électronique, électrotechnique, mécanique, administration, télécommunications, travaux publics, alimentation, navigation aérienne, santé, les métiers du combat...

• Armée de l'air : comme dans l'armée de terre, les sous-officiers commencent leur carrière sous contrat, d'une durée variable (de 5 ans à 8 ans, renouvelable). Cette armée offre une palette d'une trentaine de métiers... Pour débuter, il faut intégrer l'École de formation de l'armée de l'air (recrutement sur dossier) si vous avez au moins le bac.

Et après...

Les militaires pourront évoluer au cours de la carrière et « grimper » dans la hiérarchie. À l'image des filières de recrutement, la diversité des passerelles est de mise. Et les règles du jeu varient selon que l'on est militaire de carrière ou que l'on fait partie des « contractuels » (engagés et volontaires).
Pour ces derniers, deux possibilités : intégrer la voie de la carrière ou se reconvertir, à la fin du contrat, dans le civil.

• Pour ceux qui veulent faire une longue carrière :

- les militaires de carrière sont assimilés à des fonctionnaires. Ils font donc toute leur carrière au service de la Défense. Ils peuvent, sur mérite, atteindre les plus hauts niveaux de la hiérarchie : amiral dans la Marine, général dans l'armée de terre...
- les sous-officiers commencent leur carrière en servant sous un contrat initial d'engagement. Ils ne deviennent de « carrière » qu'après un laps de temps déterminé. Une exception, celle de la Marine nationale : la filière de l'École de maistrance où les jeunes militaires intègrent tout de suite la voie de la carrière...
- tous les sous-officiers et tous les militaires du rang pourront également devenir respectivement officiers de carrière et sous-officiers de carrière... Pour cela, ils devront bénéficier de la promotion interne *(voir dans la partie formations l'article « stratégies » page 79).*

• Pour les autres :

Quant aux autres engagés et volontaires qui n'ont pas su profiter de la promotion interne ou qui ne veulent pas rester militaires toute leur vie, ils vont bénéficier, au terme de leur contrat, d'une aide à la reconversion qui s'avère efficace *(voir dans la partie emploi l'article « conditions de travail » sur la reconversion en pages 22-23).*

• Marine nationale : pour les jeunes ayant satisfait aux épreuves de sélection (dossier, tests physiques et entretien), trois types de contrats, d'une durée variable. La formation complémentaire post-BEP qui permettra au jeune de signer à l'issue de sa scolarité un contrat d'engagement initial de 10 ans (renouvelable) en choisissant une option (mécanique ou électrotechnique). L'EILD (engagement initial de longue durée) (10 ans) : le candidat devra avoir au moins le BEP et choisir une spécialité dans les techniques maritimes, la mécanique, l'électrotechnique, l'administration... Enfin, l'EICD (engagement initial de courte durée) qui dure trois ans (possibilité de le renouveler trois fois). Ce contrat est réservé aux jeunes ayant peu ou pas de qualifications, pour leur permettre d'acquérir une première expérience professionnelle, dans trois domaines : le service général, la sécurité et la manutention aéronautique.

• Gendarmerie : pas de contrats, tous les sous-officiers sont obligatoirement « de carrière ».

MILITAIRE DU RANG

Dans le cadre de la professionnalisation, les armées recrutent à tous les niveaux. Ainsi, si vous n'avez pas ou si vous avez peu de qualification, chaque armée vous offre une opportunité d'intégrer le monde du travail en devenant militaire du rang...

• Armée de terre, deux contrats sont proposés : l'EVAT (engagé volontaire de l'armée de terre) et le VDAT (volontaire). Le contrat des EVAT dure 3 ou 5 ans et peut être renouvelé jusqu'à effectuer 22 ans de service. Les candidats doivent avoir au moins le niveau BEPC, CAP ou BEP et satisfaire aux épreuves de sélection. Quant aux volontaires (VDAT), ils signent un contrat d'un an, renouvelable quatre fois. Pas de diplôme ou de niveau scolaire exigé puisque ce volontariat est synonyme d'un « contrat d'insertion » pour les plus indécis...

L'ARMÉE, C'EST DU SPORT !

Quels que soient la filière de recrutement et le métier choisis, les armées imposent aux candidats une excellente condition physique. Les épreuves sportives et les visites médicales sont autant d'étapes à franchir, avant d'être engagé. Et, si vous êtes recruté, sachez que les activités sportives constituent une partie importante des formations militaires... Alors, autant être averti et se préparer « sportivement » avant de se présenter au centre de sélection ou au concours d'entrée à une école militaire !

• Armée de l'air : il s'agit des militaires techniciens de l'air (MTA). Le recrutement est effectué sur la base aérienne qui emploiera le MTA après des tests d'aptitudes psychotechniques et physiques et un entretien d'embauche. Le contrat dure 4 ans et peut être, éventuellement, renouvelable. Les emplois existent dans de nombreuses spécialités : agent sécurité cabine, mécanicien mise en œuvre avion, mécanicien de l'armement, chaudronnerie-soudure, peinture avion, exploitant des télécommunications... Pour postuler, il faut avoir au moins le niveau scolaire de fin de troisième. Pour certaines spécialités, il faut être titulaire d'un CAP, d'un BEP ou d'un bac professionnel correspondant au métier exercé.

• Gendarmerie : contrats sur la base du volontariat, sans condition de diplôme. Il s'agit du recrutement des gendarmes adjoints qui assistent les sous-officiers dans leur mission. Le contrat dure un an et peut être renouvelé quatre fois.

métiers

UNE JOURNÉE AU RÉGIMENT DE MARCHE DU TCHAD

Le régiment de marche du Tchad, installé à Noyon dans l'Oise, nous a ouvert ses portes pendant une journée. Rencontre avec des militaires qui se préparent et s'entraînent chaque jour dans la discipline, en vue d'une éventuelle opération en France ou à l'étranger.

À quelques encablures de Noyon, ville moyenne de 15 000 âmes, l'Oise agricole s'étire. Sur le bas-côté de la route, deux joggers aux cheveux courts enchaînent les foulées. Au bout d'une ligne droite, côté gauche, émerge une trentaine de bâtiments des années 50, entourés de hauts grillages. « *Un cadre boisé très agréable de 48 ha* », comme le vante une page du site internet du ministère de la Défense.

Une fois passée la longue allée d'une centaine de mètres, jalonnée de plaques commémoratives, se dresse le portail du régiment de marche du Tchad (RMT). Le point de contrôle obligé avant de pénétrer dans un monde à part. Celui d'un régiment de l'armée de terre qui porte haut et fort la mémoire du général Leclerc.

Sarajevo et Vigipirate

Si le buste de l'illustre soldat trône au milieu de la place d'armes, bien entouré par deux véhicules militaires, c'est que le régiment de marche du Tchad appartient à la 2e DB. Il est un des héritiers des troupes coloniales, plus particulièrement du régiment des tirailleurs sénégalais du Tchad. De ce passé, le RMT a conservé une forte propension à quitter son cantonnement. Sur les 1 200 hommes et femmes qui le composent, selon les moments, entre le tiers et la moitié est concerné par des opérations extérieures (les « opex », comme on dit ici). Des opérations qui peuvent être lointaines (Sarajevo en 1995, Mitrovica en 2000, Tchad en 2001...), mais aussi

Le RMT trouve ses origines en Afrique, où il est le premier régiment constitué, rallié au général Leclerc et à la France libre. La Libye, la Tunisie, le débarquement en Normandie, la libération de Paris puis de Strasbourg, on connaît la suite...

Parfois, c'est au sein même du régiment qu'on se livre aux exercices d'entraînement. Camouflage de rigueur aujourd'hui pour la section du lieutenant Laurencin.

beaucoup plus proches (garde des dépôts de monnaie lors du passage à l'euro, dispositif Vigipirate, feux de forêt en Corse, tempête de 1999...). Depuis l'instauration de la professionnalisation, les missions sont devenues plus fréquentes, encore. « *Les effectifs actuels,* reconnaît un officier, *font qu'on est moins nombreux à pouvoir partir en opération. Donc ceux qui le peuvent, partent plus souvent.* »

Les marsouins s'entraînent

Curiosité de l'armée de terre, le RMT appartient à l'arme des troupes de marine. Mais n'y voyez aucun rapport avec la Marine nationale. L'ancre présente sur l'épaulette des uniformes ne doit tromper personne. Il s'agit bien d'une unité de l'armée de terre. À savoir des fantassins qui se déplacent jusqu'au champ de bataille à l'intérieur de véhicules blindés : des grenadiers-voltigeurs, des tireurs d'élite... Ces fantassins, ici comme dans toutes les troupes de marine, sont appelés marsouins.

Dans les murs mêmes du régiment, parfois, on peut les observer réaliser leurs exercices d'entraînement. Aujourd'hui, c'est une section d'une vingtaine d'hommes qui s'y colle. Le lieutenant François Laurencin, chef de section, légèrement en retrait, donne ses ordres par radio aux sous-officiers, chefs de groupe qui eux-mêmes les répercutent auprès des marsouins. Il s'agit là d'un exercice de « reconnaissance d'un site en zone d'insécurité urbaine ou semi-urbaine » selon le vocable en usage. Pour l'occasion, des bâtiments désaffectés font bien l'affaire. « *Il s'agit de former les gars pour que, le moment venu, il y ait des automatismes et ainsi minimiser les risques* », explique le lieutenant Laurencin. Démonstration par l'exemple, quelques minutes après. Le groupe reçoit l'ordre d'ouvrir

la porte d'un bâtiment sans savoir ce qui se cache derrière. Deux marsouins se placent de chaque côté de l'entrée avant que le chef de section ne réagisse dans sa radio et les rappelle à l'ordre : « *On se place toujours par binôme, toujours du même côté de la porte !* »

Une société en miniature

Ici, il y a les combattants et puis, il y a tous les autres. Car cette petite ville de 1 200 personnes que compose le régiment, il faut bien la nourrir, la former, l'administrer, réparer les engins qu'elle utilise, la soigner... Ainsi, certains travaillent à la communication du régiment, d'autres sont chargés du recrutement, de la reconversion, de la maintenance des véhicules et des armes, de soigner les petits bobos, d'effectuer toutes sortes de tâches administratives... Sans oublier les barmen, les cuisiniers et autres serveurs dont le rôle est tout aussi essentiel. En somme, le RMT, c'est une société en miniature, presque capable de s'autosuffire, si nécessaire. Il y a même un coiffeur et une assistante sociale qui tiennent des permanences ! Mais, mis à part la trentaine de civils, le personnel peut vite se transformer en combattants, en cas de besoin. Au bar, une jeune femme nous sert gentiment un café. « *Ne vous y trompez pas, c'est une furieuse au combat,* commente un lieutenant. *Elle n'a pas l'air comme ça...* » De même, l'adjudant-chef A. Mouniama, un des res-

Pour rejoindre le champ de bataille, les marsouins s'engouffrent à une dizaine dans des véhicules blindés de type AMX 10P. Des matériels qui nécessitent une maintenance et un entretien scrupuleux.

Au bureau du recrutement, on cherche à attirer de nouvelles recrues. Sans perdre de vue que les besoins ne concernent pas que les combattants, loin de là. Par exemple, les cuisiniers sont très recherchés.

ponsables du bureau du recrutement, de la reconversion et de la condition militaire, s'apprête à rejoindre les forces françaises en Afghanistan.
Pour être opérationnel le moment venu, chacun effectue du sport chaque matin. La journée débute même par cela. Sauf cas exceptionnel, de 8 h à 10 h, tout le monde le pratique, du lundi au vendredi. L'officier communication, le sous-lieutenant Sébastien Bouteloup, nous dit consacrer lui-même 6 à 8 heures par semaine à l'entraînement physique.

Baby-foot et pas cadencé

À Noyon comme ailleurs, pour faire face à la professionnalisation et donc recruter davantage, on cherche à améliorer la condition du militaire. Surtout pour les hommes du rang, logeant sur la base, dont la vie quotidienne n'est pas forcément évidente. Les chambres de trois ou quatre personnes, la solitude des soirées loin des siens... Pour eux, on a refait récemment le foyer avec son baby-foot, son flipper, l'écran géant, le billard...
Il ne faudrait pas croire pour autant qu'on se trouve ici au club Med. La discipline n'est jamais loin. L'ambiance peut parfois sembler détendue jusqu'au moment où l'on observe un bataillon de jeunes recrues se rendant à la cafétéria en rang d'oignon, au pas cadencé. Devant la porte, la section se rassemble, au repos,

bras croisés dans le dos. C'est alors que l'un d'entre eux se fait rappeler à l'ordre. Sans doute a-t-on jugé que sa position était trop désinvolte... « *Nous sommes assez à cheval sur la discipline,* reconnaît le sous-lieutenant Bouteloup, *il faut que ce soit accepté. Les jeunes que nous recrutons sont souvent de forts caractères qui ont besoin d'être recadrés. C'est sûr qu'il y a six mois pénibles. Il ne faut pas mentir, nous exerçons un métier particulièrement difficile, dans un environnement sous pression, dans le stress et les contraintes de la discipline.* » Certains semblent y trouver leur compte. Ils ont choisi cet engagement et le mode de vie qu'il implique.

Comme le reconnaît le sous-lieutenant Bouteloup, officier communication :
« Nous exerçons un métier difficile, dans un environnement sous pression, dans le stress et les contraintes de la discipline. »

PANORAMA DES MÉTIERS

Qui dit armée, songe vite au combattant, le fusil à la main. Mais on rencontre également dans l'institution militaire la plupart des corps de métiers du civil. Des métiers liés à la logistique, aux télécommunications, à la réparation et à l'entretien du matériel, à la sécurité, à la gestion, à la santé, à l'hôtellerie-restauration… Tour d'horizon.

Pilote de chasse, mécanicien ou manœuvrier, mais aussi informaticien, médecin, cuisinier ou encore météorologue… C'est peu dire que la Défense recouvre un éventail des plus larges ! Chaque armée propose ainsi plusieurs dizaines (voire centaines) de professions différentes. L'armée de terre, par exemple, n'hésite pas à communiquer sur ses 400 métiers. Chacun s'insère dans une catégorie de la hiérarchie militaire : militaire du rang, sous-officier (appelé officier marinier dans la Marine) ou officier. Les hommes du rang s'engagent avec un niveau CAP/BEP, voire sans aucun diplôme pour des fonctions d'exécution. Les sous-officiers de niveau baccalauréat sont considérés comme des spécialistes et des chefs d'équipe. Enfin, les officiers recrutés dans l'enseignement supérieur forment les cadres de l'armée.

© ECPAD
SOUS-MARINIERS

C'est cette diversité que nous avons souhaité rendre ici en choisissant un panel de métiers représentatifs. La plupart embauchent, s'adressent plutôt à des bacheliers ou sont tout simplement « incontournables ». Certains sont spécifiques d'un corps d'armée ou d'un service spécialisé (armée de terre, armée de l'air, Marine nationale, Service de santé des armées, Service des essences des armées, gendarmerie, Délégation générale pour l'armement). D'autres sont beaucoup plus transversaux.
Au final, 45 métiers font l'objet d'une fiche détaillée : armée concernée, catégorie hiérarchique, activités, qualités requises, évolution possible, accès…

Ces fiches sont regroupées par grandes familles professionnelles : combat, logistique, télécoms, matériel, sécurité, santé, gestion. Elles sont ensuite classées par ordre alphabétique. Un dico ponctué de portraits de professionnels qui nous livrent leur vécu au quotidien. De quoi se faire une idée plus concrète.

• LES MÉTIERS DU COMBAT

Grenadier-voltigeur, pilote de chasse, navigateur-timonier... La famille combat, en cas de conflit, sera aux premières loges. Sur terre, dans les airs comme sur l'eau.

• LES MÉTIERS DE LA LOGISTIQUE

Le chef de dépôt de carburants comme le conducteur routier ont leur importance pour que le carburant, la nourriture ou encore les munitions arrivent au bon moment et à bon port.

• LES MÉTIERS DES TÉLÉCOMS

Peu importe les aléas de la technique, les ordres du commandement doivent arriver jusqu'à leur destinataire final. Des métiers qui ont aussi d'autres applications, notamment la guerre électronique.

• LES MÉTIERS LIÉS AU MATÉRIEL

Armurier, mécanicien naval, technicien avionique... Du fusil au sous-marin en passant par les avions : l'armée est grosse consommatrice d'engins et d'armes. Des matériels qu'il faut concevoir, fabriquer, entretenir, réparer... C'est la mission de ces professionnels, souvent hautement qualifiés.

• LES MÉTIERS DE LA SÉCURITÉ

Sécurité aérienne, maritime, sécurité des installations, des bâtiments de la Marine... La famille « sécurité » est une famille nombreuse ! Le contrôleur de la circulation aérienne, le guetteur de la flotte ou encore le plongeur-démineur y concourent tous.

• LES MÉTIERS DE LA SANTÉ

Infirmiers, médecins, pharmaciens-chimistes... Certains professionnels de santé font le choix de servir sous les drapeaux. Ils assurent le soutien sanitaire des armées en campagne ou à l'intérieur de l'Hexagone. Comme dans le civil, la pénurie des vocations sévit.

• LES MÉTIERS DE LA GESTION

Dans l'armée comme ailleurs, l'heure est à la gestion optimale des ressources (humaines, financières, en vivres...). Commissaires des armées, commis aux vivres et gestionnaires administratifs veillent au grain.

• PÊLE-MÊLE...

Des métiers variés mais tous essentiels à la bonne marche de l'institution : cuisinier, informaticien, moniteur d'entraînement physique et sportif...

Les grades militaires

TERRE, AIR	MER
Hommes du rang	**Marins**
Soldat de 1re classe	Matelot breveté
Caporal (ou brigadier)	Quartier-maître de 2e classe
Caporal-chef (ou brigadier-chef)	Quartier-maître de 1re classe
Sous-officiers	**Officiers mariniers**
Sergent (ou maréchal des logis)	Second maître
Sergent-chef (ou maréchal des logis-chef)	Maître
Adjudant	Premier maître
Adjudant-chef	Maître principal
Major	Major
Officiers subalternes	
Aspirant	Aspirant
Sous-lieutenant	Enseigne de vaisseau de 2e classe
Lieutenant	Enseigne de vaisseau de 1re classe
Capitaine	Lieutenant de vaisseau
Officiers supérieurs	
Commandant, chef de bataillon ou d'escadron(s)	Capitaine de corvette
Lieutenant-colonel	Capitaine de frégate
Colonel	Capitaine de vaisseau
Officiers généraux	
Général de brigade	Contre-amiral
Général de division	Vice-amiral
Général de corps d'armée	Vice-amiral d'escadre
Général de l'armée	Amiral
Maréchal de France	**Amiral de la flotte**

COMBAT

Chef de pièce d'artillerie

Armée de terre – Sous-officier

Canons, lance-roquettes, missiles... selon le type de pièces d'artillerie, ce sous-officier commande entre trois et neuf militaires du rang. Pour effectuer les manœuvres et les tirs, il doit analyser les ordres reçus du commandement et répartir les tâches entre les différents opérateurs (pointeur-tireur, servant de pièce...). Il organise et supervise leur instruction, leur activité ainsi que l'entretien des matériels. Il rend compte des opérations effectuées, des problèmes rencontrés et de la situation sur le terrain...

Il est amené à effectuer des missions d'entraînement une à deux fois par semaine et des manœuvres une à deux fois par an.

Sans oublier des missions occasionnelles à l'étranger. Un métier qui nécessite une bonne résistance à la fatigue et au stress. Par la suite, le chef de pièce pourra évoluer vers des postes de sous-officier reconnaissance, d'observateur de l'artillerie voire devenir officier, pour les meilleurs.

© ECPAD

LA FRÉGATE* MONTCALM *NAVIGUE VERS LE GOLFE.

Ils portent un béret rouge et tombent du ciel...

Qui sont-ils? Les paras bien sûr! De l'armée de l'air? Eh non, de l'armée de terre! Vous suivez? C'est vrai, le parachutisme militaire a été créé pour l'armée de l'air: en pleine première guerre mondiale, il est alors enseigné au personnel navigant, en cas de détresse. Aujourd'hui, les parachutistes sont les combattants à part entière de l'armée de terre. Leur formation se déroule à l'École des troupes aéroportées (ETAP) de Pau. Mais pas de jaloux, chaque « arme » (infanterie, troupes de marine, blindés, artillerie, train, sans oublier la Légion) a son propre régiment de paras.

Marine Effectifs pour l'année 2002.

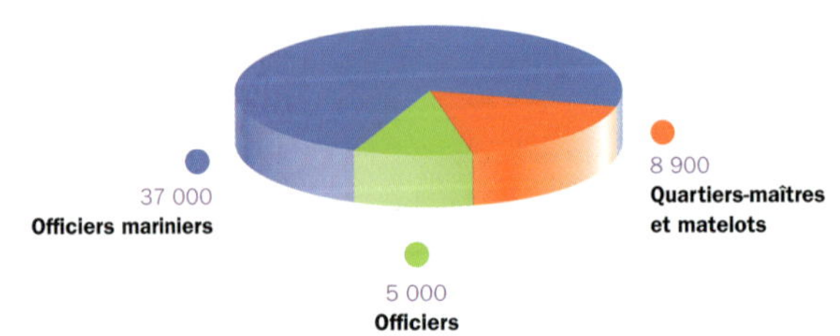

Avec 55 900 salariés, la Marine nationale est le premier employeur dans les métiers de la mer.

Accès: bac à bac + 2. École nationale des sous-officiers d'active (ENSOA) de Saint-Maixent.

Durée: 8 mois puis une formation de spécialité (de 5 mois à un an) à l'École d'application de l'artillerie de Draguignan.

Commandant de navire

Marine – Officier

À la fois professionnel de la mer, chef militaire, ingénieur, le commandant est responsable des hommes, des matériels et du bâtiment (porte-avion, frégate, sous-marin...). Le « pilotage » est sa fonction principale. À la passerelle, secondé par des officiers spécialisés, le commandant donne les ordres des manœuvres maritimes. Grâce à sa formation scientifique et technique, il veille aussi à la mise en œuvre, à l'entretien et aux réparations de tous les matériels du navire: les moyens de propulsion, les systèmes de transmission et de détection, les armes... Pas de quoi chômer: les bâtiments de la Marine nationale sont de véritables usines flottantes!

Comme tout officier de marine, le commandant peut changer d'affectation tous les deux ans. Ce qui nécessite de bonnes capacités d'adaptation. En effet, les missions, les tâches et le mode de vie varient considérablement, de la passerelle d'un navire au cadre confiné d'un sous-marin ou d'un bureau tapissé de l'état-major...

Accès : recrutement externe (officiers de carrière) avec admission sur concours de niveau classe prépa scientifique ou recrutement contractuel (officier sous contrat). Formation à l'École navale, près de Brest, pendant trois ans.

Fusilier marin

Marine – Officier marinier et quartier-maître

C'est le combattant de la Marine nationale ! Le fusilier marin protège et défend les installations militaires : arsenaux, bases d'aéronautique navale, stations de transmissions... Soldat aguerri aux techniques du combat, il peut participer à des opérations de commandos, sur terre comme sur mer : raids nautiques, coups de main, sabotages d'objectifs maritimes ou terrestres... Une excellente constitution physique est requise mais également du sang-froid et le sens du risque calculé pour faire face aux situations imprévues.

Le fusilier marin tient aussi un rôle de « policier » à bord des navires et au sein des unités à terre : il assure la sécurité des personnels, veille au respect des règlements, mais aussi se charge de l'instruction militaire des personnels...

Il peut acquérir pendant sa carrière de nouvelles qualifications dans des domaines variés : moniteur d'éducation physique, maître-chien, nageur de combat, tireur d'élite, parachutisme...

Accès : trois filières : intégrer l'École de maistrance, près de Brest (niveau terminale minimum), signer un EILD (engagement initial de longue durée) ou un EICD (engagement initial de courte durée). Après l'instruction militaire, formation d'une durée de quatre mois à l'école de spécialité de Lorient.

Le dessous des cartes

L'armée s'est toujours intéressée de près à la cartographie. En témoignent les cartes d'état-major établies au XIXe siècle, restées longtemps les cartes de référence. Parce qu'il est difficile de faire la guerre sans connaissance précise du terrain.

De ce passé nous reste le 28e groupe géographique (28e GG), implanté à Joigny dans l'Yonne, seule unité militaire à fournir des cartes et de l'information de nature géographique pour les besoins de l'armée de terre. Cette structure regroupe des officiers (chefs de section), des sous-officiers (chefs d'équipe) et des militaires du rang (aides-documentalistes, opérateurs terrain...).

Ces derniers reçoivent leur instruction technique et militaire à Joigny. Les officiers sont d'abord formés par les écoles militaires de Coëtquidan, les sous-officiers par l'ENSOA de Saint-Maixent. Avant de rejoindre le 28e GG, ils passent tous par l'École d'application de l'artillerie de Draguignan.

Grenadier-voltigeur

Armée de terre – Militaire du rang

Armé d'un fusil d'assaut, d'un lance-grenades ou de roquettes, il lutte directement au contact de l'adversaire. Soldat de l'infanterie, il peut choisir de servir chez les parachutistes, les chasseurs alpins, dans les troupes de marine...

Au sein d'un groupe de dix combattants, dirigé par un chef d'équipe, le grenadier-voltigeur dispose d'une large part d'initiative. C'est un métier exigeant. Il faut avoir le goût de l'effort et de la vie sur le terrain dans des conditions parfois difficiles. L'esprit d'équipe est essentiel ainsi qu'une bonne résistance physique et mentale. Les possibilités de servir à l'étranger et outre-mer sont nombreuses.

Le grenadier-voltigeur peut ensuite devenir chef d'équipe, tireur d'élite, conducteur, ou évoluer vers des postes plus administratifs ou techniques... Les meilleurs pourront accéder au grade de sous-officier après quelques années.

Accès : niveau CAP-BEP. Trois périodes de formation au sein d'un régiment (9, 2 et 8 semaines) puis une formation spécifique éventuelle de quelques semaines.

Les mots soulignés peuvent être consultés dans le Dico.

© ECPAD

GRENADIER-VOLTIGEUR.

guide pratique
études
métiers
emploi

Manœuvrier

Marine – Officier marinier et quartier-maître

Homme de barre, il exécute, sur le pont, les ordres du commandant. Traditionnellement appelé le « bosco », il actionne et entretient les appareils nécessaires aux manœuvres du navire ou du porte-avions : mouillage, amarrage, remorquage, dragage de mines, ravitaillement à la mer, transfert de munitions, transfert de personnel… Le manœuvrier est également responsable de la manutention et du chargement des cargaisons lourdes sur le navire. Il faut aimer travailler en équipe, posséder des qualités tels le sang-froid, l'esprit d'initiative et… une excellente condition physique pour s'adapter aux conditions météo !

Au cours de sa carrière, il peut changer de métier en devenant hydrographe (il établit les cartes maritimes) ou navigateur. Après plusieurs années d'expérience, il peut même accéder au commandement de petit navire.

Accès : deux filières : intégrer l'École de maistrance, près de Brest (niveau terminale minimum), ou signer un EILD (engagement initial de longue durée). Après l'instruction militaire, formation (de quatre à six mois) à l'École de manœuvre et de navigation de Brest.

Melting pot

La Légion étrangère regroupe près de 140 nationalités. Tous les légionnaires et sous-officiers sont de nationalité étrangère (parfois des Français ayant changé de nationalité). À l'inverse, la plupart des officiers sont Français, exception faite des anciens légionnaires devenus sous-officiers puis officiers. S'engager dans la Légion pour un jeune, c'est souvent rompre avec son passé ou une situation difficile : chômage, problème avec la justice, difficultés familiales…

Les mots soulignés peuvent être consultés dans le Dico.

Navigateur-timonier

Marine – Officier marinier et quartier-maître

À la passerelle, le navigateur-timonier veille. Pour cela, il dispose de tous les moyens de transmission visuelle (pavillons, sémaphores, morse lumineux) et radioélectriques (VHF et phonie). Il s'occupe aussi de l'entretien du matériel de navigation et de la mise à jour des cartes nautiques.

Après cinq ans d'expérience, le navigateur-timonier peut devenir chef de quart, directement sous les ordres du commandant. Il est alors responsable de la bonne tenue de la navigation et de l'exécution des manœuvres maritimes. En véritable « manager », il organise le travail des manœuvriers et imprime aux machines les allures adaptées à chaque situation ainsi que le démarrage ou l'arrêt d'appareils mécaniques et électriques. Pour remplir toutes ces missions, le navigateur-timonier doit être discipliné, rigoureux et faire preuve de lucidité et de sang-froid en toutes circonstances.

Comme le manœuvrier, le navigateur-timonier peut devenir hydrographe. Après plusieurs années d'expérience, il peut aussi accéder au commandement des petits navires.

Accès : deux filières : intégrer l'École de maistrance près de

L'armée de l'air Effectifs pour l'année 2002.

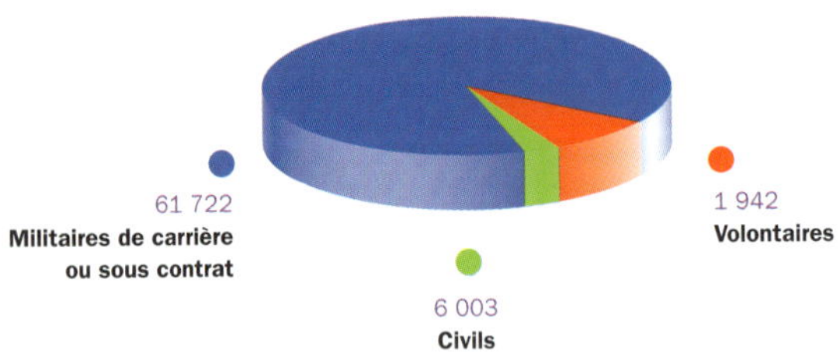

L'armée de terre Effectifs pour l'année 2002.

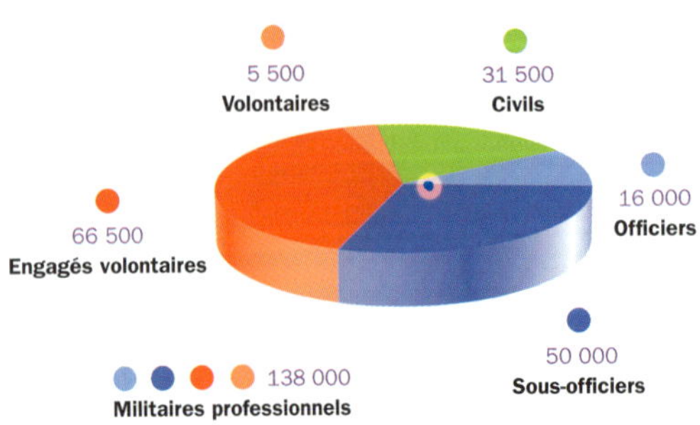

Brest (niveau terminale minimum) ou signer un EILD (engagement initial de longue durée). Après l'instruction initiale, formation (de quatre à six mois) à l'École de manœuvre et de navigation de Brest.

Officier de reconnaissance et de renseignement

Armée de Terre – Officier

Reconnaissance et renseignement : ces deux mots résument bien le métier. Car, comme son nom l'indique, cet officier assure le commandement d'une section (environ 25 personnes) dont l'objectif est de reconnaître un terrain d'opération puis de transmettre à d'autres unités ce qui a été observé. Pour se déplacer, la section emploie une dizaine de véhicules tout-terrain ou blindés légers, équipés de postes radio, de dispositifs de vision nocturne, de radars... L'officier qui la dirige est également chargé de former, de préparer ses personnels et de veiller à la maintenance des matériels.
Sa mission exige un goût pour le contact, une grande faculté d'adaptation et beaucoup de sang-froid. Il peut évoluer par la suite vers des postes à plus haute responsabilité, en état-major, par exemple.
Accès : deux filières. École spéciale militaire de Saint-Cyr à Coëtquidan (ESM). Admission : deux ans de classes prépas ou licence, maîtrise, diplôme de 3e cycle pour respectivement trois, deux ou une année de formation. Les officiers sous-contrat (OSC) « encadrement » avec bac + 2 validé reçoivent une formation initiale de 4 mois au 4e bataillon de l'ESM. Un an de spécialisation pour tous en école d'application à Montpellier.

Pilote de chasse

Armée de l'air – Officier

Il serait plus parlant de l'appeler « pilote de combat » : on comprendrait tout de suite qu'en cas de conflit, c'est lui qui part larguer des bombes sur les cibles définies par le haut commandement militaire. À bord de leurs Mirage et Rafale, les pilotes de chasse français ont participé aux raids aériens sur l'Irak en 1991 et, plus récemment, sur l'Afghanistan.

La Patrouille fait son show

La Patrouille acrobatique de France (PAF) est constituée de pilotes chevronnés qui se livrent à des démonstrations de haute voltige et de mécaniciens scrupuleux qui examinent les appareils sous toutes leurs coutures. On peut admirer ses performances (loopings périlleux et autres figures laissant de superbes traînées bleu-blanc-rouge dans le ciel) lors de meetings aériens ou à l'occasion du défilé du 14 Juillet sur les Champs-Élysées. Les 17 et 18 mai 2003, la PAF fêtera ses cinquante ans sur la base aérienne de Salon-de-Provence. Du spectacle en perspective...

Des gadgets à la 007

La tenue du pilote de chasse n'est pas sans évoquer la panoplie de James Bond. Exemple : le gilet gonflable qui se transforme, si nécessaire, en gilet de sauvetage. Ses multiples poches contiennent un kit de survie : couteau, stylo lance-fusée de détresse, balise radio... Le pantalon est lui aussi gonflable, dans le but de limiter l'afflux de sang vers le bas du corps. Il contient, en outre, un bloc-notes où le pilote peut inscrire, au crayon gras, les données relatives à son vol.

MIRAGE 2000 AU DÉCOLLAGE.

Entamée par une série de briefings, une journée ordinaire se poursuit dans la salle des opérations: consultation du planning des missions de reconnaissance, élaboration du plan de vol à l'aide de cartes, introduction des données sur une petite mémoire (le « sucre ») qui sera branchée sur l'ordinateur de bord. Le pilote fait ensuite un tour complet de l'avion en compagnie d'un mécanicien pour vérifier le bon fonctionnement des équipements. Il peut alors s'envoler pour aller photographier les objectifs qui lui ont été assignés.

Les myopes, même corrigés par des lunettes, ne sont pas admis: il faut du 10 sur 10 à chaque œil. Le niveau auditif et l'état du cœur sont également vérifiés. Plusieurs fois par mois, les pilotes de chasse s'entraînent sur un simulateur de vol afin de tester leurs réflexes en cas de panne ou d'interception par l'ennemi.

Accès: deux filières. Avec le bac, épreuves de présélection au centre de Brétigny (Essonne), puis École de pilotage de Cognac. À bac + 2, après une classe prépa scientifique, concours très sélectif de l'École de l'air de Salon-de-Provence pour un cursus en trois ans avec à la clef, le titre d'ingénieur. À la différence de leurs collègues recrutés juste après le bac, les candidats issus de cette filière deviennent officiers de carrière.

Les supergendarmes du GIGN

Le GIGN (Groupe d'intervention de la gendarmerie nationale) a été créé en 1974 pour faire face à l'émergence des nouvelles menaces terroristes. Composée de gendarmes d'élite (7 officiers et 95 sous-officiers), cette unité participe aux opérations périlleuses, déclenchées à l'occasion d'événements graves ou susceptibles de l'être: prise d'otages, détournement d'avion, révolte en milieu pénitentiaire, maîtrise de forcené, arrestation d'un individu dangereux... Pour mener à bien leurs missions (80 en moyenne par an), les membres du GIGN disposent d'un matériel ultrasophistiqué: fusils de précision, visées laser, grenades aveuglantes, boucliers antiballes... et suivent un entraînement intensif. Objectifs: acquérir une haute technicité en sports de combat, escalades, traversées sur filin, interventions à partir d'hélicoptère... et maintenir une condition physique et psychologique de fer!

© ECPAD

FEMME OFFICIER

Pilote de char

Armée de Terre – Militaire du rang

Moins d'un mètre quatre-vingt dix, une bonne vision nocturne, pas de problème d'audition, ni de surcharge pondérale...: ne devient pas qui veut pilote d'engin blindé! Sous les ordres directs du chef de char, il est responsable du pilotage et de l'entretien du véhicule. Dans un engin de la « famille AMX », il travaille en équipe avec un tireur et un radio chargeur (avec un opérateur tourelle dans un char Leclerc).

Ce métier parfois rude nécessite du sang-froid, de l'initiative et du sens pratique. Des compétences techniques, aussi: le pilote est titulaire du permis poids lourd et a des notions de mécanique. Sans oublier les critères physiques mentionnés ci-dessus...

Par la suite, le pilote de char peut accéder à des postes d'opérateur tourelle, de radio chargeur ou s'orienter vers un autre domaine comme la maintenance ou vers un poste plus administratif. Les meilleurs pourront accéder ensuite à la carrière de sous-officier et devenir, notamment, chefs de char.

Accès: niveau CAP-BEP. Trois périodes de formation représentant un total de 12 à 14 semaines.

Mixité oblige • **L'armée compte de plus en plus de femmes dans ses rangs. Tous corps confondus, leur proportion avoisine aujourd'hui les 10 %. L'armée de l'air se montre la plus accueillante, y compris dans les métiers de combat : on recense déjà six représentantes de la gent féminine parmi les pilotes de chasse. Seules restrictions encore en vigueur : une femme sous-officier ne peut pas rejoindre un escadron de la gendarmerie mobile ; quant aux femmes engagées dans la Marine, elles se voient refuser l'embarquement à bord des sous-marins (pour des raisons évidentes d'exiguïté des lieux et donc de promiscuité qui pourrait s'avérer gênante entre les deux sexes). À signaler enfin que le métier de plongeur-démineur reste un bastion masculin. Dans les textes, rien n'interdit à une femme de postuler, mais les tests physiques imposés aux candidat(e)s représentent un sérieux obstacle, que nulle encore n'est parvenue à franchir.**

François, chef de section d'infanterie

Un pédagogue au régiment

Quarante personnes. C'est le nombre d'hommes que commande le lieutenant Laurencin, chef d'une section de combat au régiment de marche du Tchad de Noyon (Oise). Un sous-officier supérieur (son adjoint), quatre sous-officiers chefs de groupe et 35 militaires du rang (grenadiers-voltigeurs, tireurs d'élite…).

Un rôle qu'il entend baser sur l'humain et le respect mutuel. Car c'est l'aspect relationnel qui semble le motiver dans sa mission. *« Mes ordres passent mieux si je suis reconnu comme juste et humain. C'est vrai qu'on s'attache beaucoup à ses subordonnés. La plus grande satisfaction, c'est quand l'inverse se produit également. »*

Et la discipline ? *« Des règles, il y en a partout. Si elles sont plus strictes chez nous, c'est qu'on doit être prêts à sacrifier nos vies. La discipline est évidente et justifiée. Parfois, elle peut paraître aberrante, mais en expliquant pourquoi on l'attend, elle est comprise non comme une contrainte mais comme un outil. »*

Pourtant rien ne prédisposait cet homme de 33 ans à intégrer l'armée. *« Je m'orientais vers une carrière de prof d'EPS, après une licence de STAPS, lorsqu'on m'a appelé sous les drapeaux. J'avais d'ailleurs déjà débuté ma carrière d'enseignant comme maître auxiliaire. »* Pas franchement convaincu au départ, il se laisse pourtant vite séduire. *« J'ai finalement trouvé ça à mon goût et je me suis engagé. »*

Après un premier contrat de militaire du rang dans les paras, il passe sous-officier en moins de trois ans. Puis, à force de volonté de travail et de nuits courtes, gagne vite ses galons d'officier. Une ascension assez rapide qui lui permet aujourd'hui de *« mieux comprendre les aspirations des soldats, d'être considéré et respecté. C'est sûr, maintenant que j'ai des responsabilités, ça me sert énormément »*.

En arrivant dans ce régiment, il y a tout juste un an, on lui a donné une section d'instruction à commander. Aujourd'hui, François continue à former ses soldats au combat. Il n'hésite d'ailleurs pas à faire un parallèle avec l'Éducation nationale. *« On travaille sur des contrats d'objectifs. Ici les objectifs sont plus militaires qu'éducatifs, mais la pédagogie militaire ne m'a pas surpris. On retrouve la même structure. »* Son objectif ultime est d'amener ses marsouins à être prêts pour une éventuelle opération extérieure. En début d'année prochaine, la compagnie tout entière est censée partir au Sénégal pour quatre mois dans les forces prépositionnées en Afrique. *« Ça nous permet de découvrir d'autres pays, d'autres climats, d'autres civilisations. C'est un bon moyen de parfaire la formation des marsouins. »*

guide pratique
études
métiers
emploi

Philippe, manœuvrier

Une vocation bien ancrée

« Depuis tout petit, je voulais être marin ! » Philippe aimait bien aussi les grosses motos et les voitures de sport, suffisamment en tout cas pour étudier la mécanique et décrocher un BEP, puis un bac pro maintenance automobile... Mais l'appel du large a été le plus fort, ancré dans les souvenirs d'enfance et l'histoire familiale : *« Chez moi, ils sont presque tous dans la marine marchande, sauf l'oncle Bernard qui est marin-pêcheur ! »*, s'amuse Philippe. Alors, dès sa majorité, il profite de la professionnalisation des armées et s'engage dans la Marine nationale, en signant un engagement initial de longue durée (EILD). Aujourd'hui, il ne regrette pas les ateliers de mécanique, les pistons et les mains dans le cambouis... Philippe exerce la spécialité de manœuvrier à bord d'un navire de guerre. Et pas du moindre puisqu'il s'agit de la frégate anti-aérienne Cassard, qui escorte et protège le porte-avions *Charles-de-Gaulle* dans les océans. *« En quart[1], c'est moi qui, à la passerelle, agis directement sur le bateau. J'ai la barre en main ! »*, dit-il avec fierté. Même s'il obéit aux ordres du chef de quart et du commandant de bord...

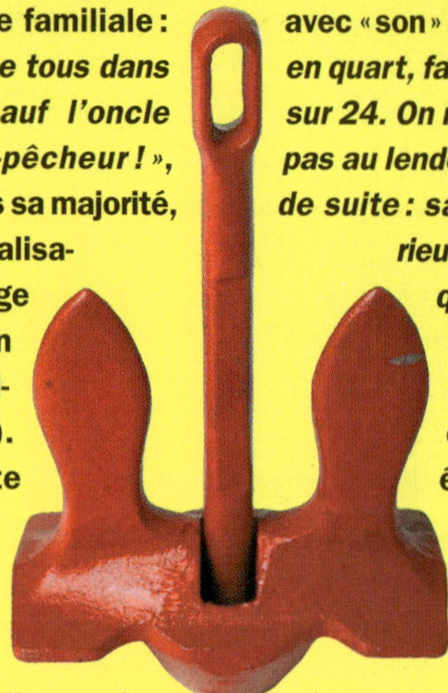

Il participe aussi à toutes les autres manœuvres maritimes, hors quart : le mouillage ou la prise de coffre, la mise à l'eau du canot pneumatique, l'accostage, le remorquage du navire, le ravitaillement à la mer... Paroles de marin qui ne badine pas avec « son » métier : *« Sur la passerelle ou en quart, faut être disponible 24 heures sur 24. On ne triche pas ou on ne remet pas au lendemain ce qu'il faut faire tout de suite : sauf respect pour mes supérieurs hiérarchiques, c'est la mer qui commande ! »*

Philippe a quand même les pieds sur terre : sans être carriériste, il compte bien évoluer : *« J'espère accéder au grade suprême des officiers mariniers le plus rapidement possible. J'aimerais bien un jour commander un équipage d'un navire... Et puis, le montant de ma solde sera plus important ! »* Philippe observe un silence puis, l'air amusé, souligne qu'il pourra ainsi acquérir un petit voilier... « d'occasion ! ».

1. Temps consacré exclusivement à la conduite du navire.

Christophe, pilote de chasse

Le chevalier du ciel

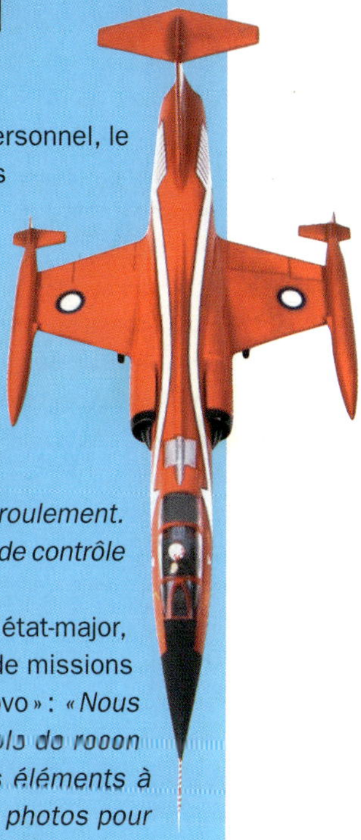

Quand il n'est pas au simulateur pour son entraînement personnel, le capitaine Giraud forme les jeunes pilotes. C'est d'ailleurs l'activité principale de ce jeune commandant d'escadrille, basé à Reims. Une affectation qu'il a choisie, à l'issue de sa formation de pilote de chasse, à cause de sa spécialité : la reconnaissance tactique sur Mirage F1CR, un appareil aux systèmes d'armes évolués. « *En alternance avec deux autres commandants, j'organise l'activité aérienne d'un escadron de vingt-huit pilotes. À ce titre, je planifie des missions de reconnaissance, de tir et d'assaut, dont je définis le scénario (menaces fictives sol-air ou air-air...). Pendant l'activité aérienne, j'assure la direction des vols par roulement. Je veille alors à la coordination entre le mouvement des avions, la tour de contrôle et les moyens de sécurité au sol.* »

Christophe participe, par ailleurs, aux opérations commandées par l'état-major, en France ou à l'étranger. C'est ainsi qu'il a effectué une vingtaine de missions pour l'opération Trident, dans le cadre des « Forces alliées au Kosovo » : « *Nous étions huit pilotes*, se souvient Christophe. *Chaque jour, quatre vols de reconnaissance tactique étaient effectués. Il s'agissait d'identifier les éléments à détruire : ponts, casernes, colonnes blindées... et de prendre des photos pour les états-majors des unités d'intervention. Ou encore, de vérifier les résultats après les frappes. Les conditions météorologiques étaient très mauvaises, créant des difficultés qui s'ajoutaient à celles du ravitaillement en vol. Tous les avions ont été exposés à des tentatives de tir.* »

Comme toute situation extrême, cette expérience a été très enrichissante pour le jeune pilote de chasse : « *Dans de tels instants, notre vie est en jeu. Chaque jour, on s'entraîne à exécuter les manœuvres de survie. Ces gestes se transforment peu à peu en réflexes automatiques. Cela permet de contrer l'émotion qui est toujours présente. Cette expérience m'a apporté un plus grand réalisme, que je mets à profit pour préparer les missions. Je peux désormais concrètement parler des réactions face à une menace.* »

Christophe ne lâche pas forcément les commandes, quand il rentre chez lui le soir. Son métier, il le vit intensément et en permanence : « *On y met toute notre vie et on en parle beaucoup à l'extérieur. C'est l'expérience qui fait les bons pilotes. Mais cela exige une grande maîtrise de soi, beaucoup de motivation et de ténacité. L'apprentissage est long. On peut réussir une opération un jour et pas le lendemain. Il faut sans cesse se remettre en question et s'investir à 100 %. Mais réussir est très gratifiant et c'est un grand bonheur de servir son pays.* »

LOGISTIQUE

Chef de dépôt de carburants

Service des essences (SEA) – Officier

Essence, huiles, kérosène… le chef de dépôt dirige un site régional de stockage et de distribution de carburants et de lubrifiants ou bien le dépôt d'une base aérienne ou aéronavale. Il relève du Service des essences des armées (SEA) dont la mission est de ravitailler les armées en produits pétroliers, en France comme sur le terrain à l'étranger.

Véritable manager, il encadre une vingtaine de personnes militaires et civils aussi bien en matière d'exploitation, de finances, de gestion du personnel que de sécurité…

Un poste à forte responsabilité qui laisse une large part à l'autonomie et qui nécessite une grande disponibilité. Ce professionnel est susceptible de partir en opérations extérieures tous les trois ou quatre ans.

On devient généralement chef de dépôt après environ trois ans d'expérience comme officier du SEA. Il est possible d'évoluer par la suite vers des missions de chef de service dans un organisme central ou une direction régionale : service du personnel, administratif ou financier, exploitation, infrastructures, logistique…

Accès : bac + 2 minimum. Concours d'entrée à l'École militaire du corps technique et administratif de Coëtquidan. Une année d'études à l'EMCTA puis une année d'application à la base pétrolière interarmées de Chalon-sur-Saône.

Chef d'escouade de ravitaillement

Armée de terre – Sous-officier

Si la nourriture ou les munitions arrivent au bon endroit, au bon moment, c'est un peu grâce à lui. Car ce professionnel est chargé de préparer, suivre et diriger les missions de transport de l'armée de terre. Il appartient à l'arme du train qui réunit les fonctions transport et logistique de cette armée. Ses activités sont variées. Le chef d'escouade de régulation ravitaillement commande une douzaine de soldats (conducteurs ou chefs de bord), participe à leur instruction et à leur entraînement. Il est également responsable de la maintenance de ses six véhicules poids lourds ou super-poids lourds. Enfin, il assume des tâches administratives (formalités douanières lors des opérations extérieures, par exemple). Un ensemble de missions qui nécessitent un grand sens de l'autonomie et des responsabilités.

Il s'agit d'un métier de première partie de carrière. Ensuite, il est possible d'évoluer vers des fonctions d'adjoint puis de chef de peloton. Accès possible à la carrière d'officier.

Accès : bac à bac + 2. École nationale des sous-officiers d'active (ENSOA) de Saint-Maixent. Formation de 8 mois + une formation de spécialité à l'École d'application du train à Tours et en régiment.

Conducteur routier

Militaire technicien de l'air (MTA)

La gamme de véhicules dont dispose l'armée de l'air est extrêmement variée : véhicules légers, poids lourds, autobus, véhicules spéciaux… Pour piloter tous ces engins, il faut pouvoir faire appel à une escouade de chauffeurs, évidemment munis des permis requis. Ces pros du volant veillent à ne jamais être à court de carburant et respectent les règles élémentaires de sécurité. Travaillant en étroite collaboration avec les mécaniciens, ils planifient les vidanges, les contrôles techniques et éventuellement, les réparations.

Plusieurs types d'emplois peuvent être occupés : technicien en escadron de soutien technique commun, technicien au sein des unités intégrées au système de transport de surface, chauffeur des hautes autorités militaires, sous-chef de station service…

Accès : les titulaires d'un CAP, BEP ou bac pro suivent un stage de six semaines au Centre de formation des militaires techniciens de l'air (CFMTA) de Saintes. Instruction dans une école pour acquérir les permis adéquats, puis phase de « parrainage » dans une unité d'affectation sur une base aérienne.

Le Service des essences des armées

2 500 personnes environ travaillent pour le Service des essences des armées. Les civils représentent 46 % du personnel.

Marceau, pilote de transport

«Mon bureau, c'est le ciel»

Une aide matérielle, un appui logistique, des casques bleus, des journalistes, des véhicules, des marins, des gendarmes, des diplomates... Dans son avion, Marceau emporte tout et n'importe qui d'un point à un autre, dans le monde entier, suivant les ordres qu'il reçoit. Officier dans l'armée de l'air, il doit être disponible à toute heure du jour ou de la nuit, prêt à décoller. Lors d'interventions du GIGN, de la marée noire de l'*Erika*, de l'explosion d'AZF ou des inondations, il a survolé la France de bout en bout. *«C'est le côté pompier de mon travail, j'ai chaque fois le sentiment de servir à quelque chose, même si personne ne nous reconnaît ce rôle. La plupart des gens ne savent pas que le but premier de l'armée, en temps de paix, c'est de servir les civils,* insiste-t-il. *Mais nos missions peuvent également avoir lieu un jour au Tchad, le lendemain en Yougoslavie, une semaine plus tard en Inde... Je peux me retrouver à diriger un groupe de dix personnes pour un plan Vigipirate à Orly. Alors que je n'ai que 24 ans.»* Pas de ligne régulière donc, et une moyenne de 100 à 150 découchés par an (c'est-à-dire où on ne dort pas chez soi), des semaines qui commencent le lundi à 4 heures pour finir le vendredi à 23 heures. *«Pour faire ce métier, il faut être passionné,* avoue-t-il. *On n'a pas le temps de lier des relations d'amitié ou d'amour. Je connais davantage les dix personnes de mon équipage avec lesquelles je passe mes journées et mes nuits que mes propres amis.»* Maître à bord du Transall, un vieux modèle des années 60, *«qui n'avance pas, mais qui a l'avantage d'être robuste, et de se poser n'importe où, dans n'importe quelles conditions, sur n'importe quel revêtement»*, ce passionné d'aviation, qui ne tient pas en place, vole parfois plus de 10 heures d'affilée. *«Un avion de ligne met 6 heures pour la Tanzanie, moi, je mets trois jours avec des escales»*, résume-t-il plutôt heureux de passer autant de temps aux commandes. *«La différence aussi,* reprend-il, *c'est que ce n'est pas un ordinateur qui pilote systématiquement l'avion. Sur les longues distances, il est en pilote automatique, mais sur les courtes, je prends plaisir à le diriger seul.»* Ce qu'il affectionne également, pour le plaisir du pilotage, c'est l'entraînement militaire. Il largue des parachutistes, des colis, des voitures, apprend à se poser en zone ennemie, à envoyer des leurres, à ravitailler des avions de chasse en vol... Un amusement qu'il prend toutefois au sérieux. *«Car mourir est compris dans mon boulot»*, souligne-t-il sur un ton grave. Un boulot qu'il n'échangerait pourtant pour rien au monde. *«Contrairement à un ingénieur informatique qui travaille dans son bureau à horaires fixes, je ne connais pas la routine,* remarque-t-il, le regard pétillant de plaisir. *Mon bureau à moi, c'est le ciel.»* Quant à la vie de famille, il ne se fait pas trop de souci. *«Quand j'aurai 35 ans et que mon contrat prendra fin, j'aurai fait le tour du monde, et j'aurai réalisé mes rêves. J'aurai alors tout mon temps»*

Stéphanie, adjointe de gestion du personnel

Au service des essences

« Au Service des essences des armées (SEA), quel que soit le travail de chacun, nous sommes avant tout des pétroliers. » Le ton est donné. Pourtant Stéphanie, lieutenante de 27 ans, exerce pour le moment un métier des plus administratifs. À la base pétrolière interarmées (BPIA) de Chalon-sur-Saône, elle est l'adjointe du chef du bureau de gestion du personnel. Avec son commandant, elle encadre dix personnes qui gèrent la carrière des quelque 580 militaires et civils de la base.

Cette jeune femme peut s'occuper successivement de la mise en place des 35 heures pour les civils, de l'avancement du personnel, de l'élaboration du plan de formation, des mutations ou encore de l'évaluation des besoins humains de la base dans les prochaines années...

« Mes activités sont diverses et variées. Nous sommes à la fois les premiers interlocuteurs du personnel et les conseillers auprès du commandement de la base, notamment sur tous les aspects législatifs. C'est un travail où il faut être au courant de tout, mais en sachant rester très discret ! »

Cependant Stéphanie n'oublie pas que sa mission actuelle ne devrait durer qu'un temps. Officier du corps technique et administratif (OCTA), affectée au Service des essences des armées, elle a vocation à devenir chef de dépôt de carburants. Un poste beaucoup plus opérationnel et spécifique des missions du SEA, service à la culture bien ancrée. Une mission plus en adéquation aussi avec sa formation de base. Stéphanie est une scientifique. Elle est titulaire d'une licence de sciences physiques. Mais son passage au service du personnel lui sera très utile par la suite. Il s'agit d'un bon poste pour débuter et connaître ainsi tous les rouages du SEA.

Et puis, « l'essence » même du métier, Stéphanie a pu déjà en avoir un avant-goût au Kosovo, près de Mitrovica, où elle est partie pour quatre mois pendant l'hiver 2000-2001. *« J'étais chef d'un petit détachement du SEA, chargé de ravitailler les différents véhicules et hélicoptères de l'armée de terre et d'armées étrangères dans cette région. »* Une expérience enrichissante, malgré les difficultés liées aux tensions entre les communautés d'origine serbe et albanaise. Pas évident non plus de passer la période de Noël loin des siens. Mais Stéphanie serait volontiers prête à refaire ses bagages demain. *« Cela m'a permis de progresser dans mon métier. Je n'ai pas encore d'enfant. J'aimerais bien pouvoir repartir avant d'en avoir un. »*

TÉLÉCOMS

Exploitant de systèmes de guerre électronique

Armée de terre – Sous-officier

Sa mission : détecter, localiser, intercepter, écouter ou brouiller les télécommunications de l'adversaire. Sous les ordres d'un chef de station, il travaille généralement sous un abri ou dans un véhicule. Ce métier est à la fois très technique et très opérationnel. Les matériels font appel à de la haute technologie et évoluent sans cesse, ce qui nécessite beaucoup de rigueur et de méthode. Un poste à responsabilité, aussi, étant donné l'importance du renseignement dans la guerre moderne. Les opérations extérieures sont fréquentes.

L'exploitant de systèmes de guerre électronique évolue par la suite vers des postes de chef de station de brouillage ou de localisation. Possibilité d'accéder à la carrière d'officier pour les meilleurs.

Accès : bac STI génie électronique, autres spécialités, bac S... à bac + 2. Formation de 8 mois à l'École nationale des sous-officiers d'active (ENSOA) de Saint-Maixent puis formation de 7 semaines à l'École supérieure et d'application des transmissions (site de Laval).

Chef de section d'exploitation

Armée de terre – Officier

Ce professionnel a pour mission d'organiser la mise sur pied, dans les délais demandés, de l'ensemble des moyens de télécommunications dont les chefs interarmes ont besoin pour commander les unités dans le cadre d'un engagement national ou multinational. Il s'agit d'un homme de terrain qui évolue dans un univers de haute technologie. Ses responsabilités sont importantes et valorisantes. Elles nécessitent, comme pour tout officier, une aptitude au commandement, un bon sens des relations humaines et un esprit d'équipe. Débutant au sein d'un régiment de transmissions, le chef de section d'exploitation peut par la suite être employé par une unité de commandement et de transmission d'une brigade blindée, par exemple.

Accès : deux filières. École spéciale militaire de Saint-Cyr à Coëtquidan (ESM). Admission : après deux ans de classes prépas ou une licence, une maîtrise, un diplôme de 3e cycle pour respectivement trois, deux ou un an de formation. Les officiers sous-contrat (OSC) « encadrement » avec bac + 2 validé reçoivent une formation initiale de 4 mois au 4e bataillon de l'ESM. Un an de spécialisation pour tous en école d'application à l'École supérieure et d'application des transmissions de Rennes (10 mois).

Un nouveau métier dans la Marine

Le spécialiste des systèmes d'information et de télécommunications. Les premiers spécialistes sortiront de l'école de Saint-Mandrier à la fin de l'année scolaire 2003.

Spécialiste des systèmes de télécommunications

Marine – Officier marinier et quartier-maître

Liaison par satellite entre un navire en pleine mer et l'état-major à Paris, ordre envoyé depuis la passerelle à un atomicien dans la chaufferie nucléaire d'un porte-avions... Si les communications s'établissent, c'est grâce à ce spécialiste ! À bord d'un navire ou d'une unité à terre, il assure la maintenance des équipements radioélectriques (émetteurs et récepteurs radio, instruments de transmission par satellite...), des appareils de transmission intérieure (téléphone, interphone, matériels télégraphiques...). Il s'occupe également de l'exploitation du réseau intranet (messagerie électronique).

Rigueur et polyvalence technique sont les points forts du spécialiste des systèmes d'information et de télécommunications. Après quelques années d'expérience, il s'occupe de l'administration d'un réseau informatique : extension du réseau à de nouvelles applications, accès à de nouveaux utilisateurs, sécurisation accrue des communications...

Il contribue également à l'amélioration des systèmes d'information et de transmission : choix des nouveaux équipements, paramétrage des logiciels, création de site web...

Accès : deux filières : intégrer l'École de maistrance, située près de Brest (niveau terminale minimum), ou signer un EILD (engagement initial de longue durée). Après l'instruction militaire, formation d'une durée de neuf mois dispensée au Centre d'instruction navale de Saint-Mandrier (situé près de Toulon).

guide pratique
études
métiers
emploi

Dico

MATÉRIEL

Dans la Marine, les métiers ont leur jargon...

Devinette : qu'est-ce qu'un bosco ? Un navit ? Ou encore un élarm ? Réponse : un manœuvrier, un navigateur-timonier et un électrotechnicien d'armes...

Agent d'entretien des installations d'infrastructure

Militaire technicien de l'air (MTA)

Sous cette appellation générale et un peu abstraite, se cachent une kyrielle de métiers bien concrets, ayant tous plus ou moins à voir avec le secteur du bâtiment : plombier-chauffagiste-serrurier, maçon-carreleur, menuisier, électricien, agent paysagiste, peintre-solier-plaquiste-platrier. Tous ces professionnels sont chargés d'aménager et d'entretenir les nombreux bureaux, ateliers et hangars dispersés sur des bases aériennes dont la superficie est comparable à celle de villes. Autant dire qu'il y a du pain sur la planche et que l'artisanat cède la place à une vaste entreprise industrielle. Pas question non plus de faire traîner les chantiers au-delà des délais initialement prévus...

Accès : ouvert aux titulaires d'un CAP, d'un BEP ou d'un bac pro. Six semaines de formation militaire initiale au Centre de formation des militaires techniciens de l'air (CFMTA) de Saintes. Le stage de formation professionnelle se déroule sous la forme d'un « parrainage » dans l'unité d'affectation sur une base aérienne.

Armurier

Gendarmerie – Sous-officier

357 Magnum, Manurhin MR73, Heckler und Koch MP, FAMAS, Browning BPS-SP... Derrière toutes les armes de la gendarmerie, il y a un spécialiste pour les entretenir et les réparer : l'armurier ! Avec le calme d'un horloger suisse, il examine les pièces, en rectifie les défauts, monte, fixe, règle ou les remplace si elles sont défectueuses. Pas si simple, car il doit s'adapter à différents types d'armes : pistolet automatique, revolver, pistolet-mitrailleur, mitraillette, fusil d'assaut, fusil à pompe...

La routine, l'armurier ne la connaît pas : il veille à la bonne tenue des autres équipements : casques, masques respiratoires, projecteurs de barrages, herses... Il entretient également ses propres machines-outils (fraiseuse, meule...). Il « s'échappe » parfois de son atelier lors des inspections des matériels et des équipements au sein des nombreuses brigades, réparties sur tout le territoire.

Accès : être titulaire d'un diplôme (du CAP au bac) dans les domaines de l'armurerie, de la mécanique ou de l'outillage. Et subir avec succès les épreuves de sélection (QCM et épreuve pratique en atelier).

Chef d'équipe réparation

Armée de terre – Sous-officier

Dans un garage, on l'appellerait volontiers chef d'atelier. Ici, il se nomme « technicien mobilité terrestre ». Sa mission consiste à encadrer les mécaniciens qui réparent et entretiennent les véhicules à roues (camions, engins blindés...) ou à chenilles (chars).

Un métier qui comporte des responsabilités à la fois humaines et techniques. Il s'agit d'abord de savoir encadrer et animer son équipe. La rigueur, la méthode, le sens de l'organisation, voire parfois la débrouillardise, sont également indispensables. Ce professionnel peut être amené à exercer des missions de courte durée à l'étranger. Le technicien mobilité terrestre pourra devenir sous-officier de carrière ou même officier, pour les meilleurs, au bout de quelques années.

Accès : bac à bac + 2, à caractère technologique. École nationale des sous-officiers d'active (ENSOA) de Saint-Maixent. Formation de 8 mois puis une formation générale technique à l'École supérieure et d'application du matériel de l'armée de terre de Bourges (6 mois).

Ingénieur militaire

Délégation générale pour l'armement (DGA) – Officier

Construction aéronautique, hydrographie, architecture navale, mécanique, automatisme, pyrotechnie, informatique, électronique... Pour l'ingénieur de la Délégation générale pour l'armement (DGA), qui a pour tâche d'assurer l'équipement des armées, les spécialités envisageables sont multiples. Ce scientifique de haut niveau participe à la conception et à la définition des programmes d'armement ; il en prépare, dirige et contrôle l'exécution scientifique, technique et industrielle. Enfin, il assure toute autre mission scientifique, technique, industrielle ou administrative qui peut lui être confiée. Ce métier permet une grande mobilité nationale et internationale, d'autant que la DGA a pour objectif de construire l'Europe de l'armement et développe la relation internationale d'armement. Il offre également une formation technique continue, un large panel de spécialités pointues n'existant pas toujours dans le civil, la possibilité de changer de poste en moyenne tous les trois ans, ainsi que l'opportunité de gérer très tôt des projets aux enveloppes financières et aux responsabilités importantes. La fonction exige donc une grande capacité d'adaptation, une polyvalence, une culture technique de base importante, le sens du travail en équipe, ainsi qu'une grande disponibilité et capacité de travail.

Accès : l'ingénieur militaire est directement recruté au sortir des grandes écoles d'ingénieurs : l'École polytechnique, l'École nationale supérieure de l'aéronautique et de l'espace (Ensae Sup aéro) à Toulouse, l'École nationale supérieure des techniques avancées (Ensta), l'École nationale supérieure des ingénieurs des études et techniques d'armement (Ensieta) à Brest, l'École nationale supérieure d'ingénieurs de construction aéronautique (Ensica) à Toulouse.

© ECPAD

MÉCANICIEN DE L'AIR

Mécanicien d'armes

Marine – Officier marinier et quartier-maître

Torpilles, canons, missiles, mines... Les navires et les sous-marins embarquent toutes sortes d'armes, sans oublier les munitions et les explosifs. Le mécanicien d'armes s'occupe de l'entretien et de la manipulation des armes embarquées. Pour cela, il maîtrise les techniques hydrauliques et pneumatiques, les automatismes et les mécanismes des systèmes d'armes. Son rôle consiste aussi à assurer le stockage et la sécurité des munitions et des explosifs.

Manipulant des armes et des munitions, il se doit d'être particulièrement rigoureux et vigilant! Il lui faut aussi s'adapter aux conditions de vie à bord des navires (intempéries, forte houle...) ou à bord des sous-marins (exiguïté, lumière artificielle...).

Accès : deux filières : intégrer l'École de maistrance, près de Brest (niveau terminale minimum), ou signer un EILD (engagement initial de longue durée). Après l'instruction militaire, formation d'une durée de quatre mois à l'école de spécialité de Saint-Mandrier (près de Toulon).

Mécanicien de l'air

Armée de l'air – Officier

Il encadre les équipes chargées de contrôler et de réparer les avions et matériels au sol. Autrement dit, il coordonne les activités des sous-officiers œuvrant dans le domaine de la mécanique et de la télémécanique (spécialistes « aéronef et vecteur », « systèmes et matériels électroniques » , « armements »...). Ayant toujours en tête la sécurité des personnels et des vols, il veille à l'instruction professionnelle et militaire des mécaniciens.

Adjoint technique du commandant d'escadron, il est également responsable de la logistique du matériel aérien de son unité : lorsque des avions sont en attente de pièces ou d'entretien, il met tout en œuvre pour que la flotte redevienne disponible le plus vite possible.

Il est amené à participer à de nombreux détachements extérieurs.

Accès : classe prépa scientifique (en deux ans après le bac), puis concours d'entrée à l'École de l'air de Salon-de-Provence. Les officiers mécaniciens sont ensuite répartis dans des structures de commandement pour un stage d'application, avant d'être affectés en unités opérationnelles.

Mécanicien naval

Marine – Officier marinier et quartier-maître

La chaleur, les vapeurs de gazole, le bruit des moteurs, le confinement de l'espace, le tangage dû à la mer houleuse... Le mécanicien naval doit s'adapter à des conditions de travail difficiles ! Sa mission principale : la conduite, l'entretien et la maintenance des moteurs (diesel, gaz, vapeur). Mais il doit aussi contrôler d'autres types d'appareils et veiller à leur bon fonctionnement : les installations frigorifiques (conditionnement de l'air et

préservation des vivres) et hydrauliques (barre, bossoirs...).
Au cours de sa carrière, le mécanicien naval peut devenir atomicien (surveillance du réacteur nucléaire à bord des sous-marins ou des porte-avions), chef de quart propulsion (responsable d'un poste de conduite de navire), maître de central à bord (chargé de la sécurité et de la navigation en plongée d'un sous-marin)...
Accès: deux filières: intégrer l'École de maistrance, près de Brest (niveau terminale minimum), ou signer un EILD (engagement initial de longue durée). Après l'instruction militaire, formation d'une durée de quatre mois à l'école de spécialité de Saint-Mandrier (près de Toulon).

Technicien avionique

Armée de l'air – Sous-officier

Il assure la mise en œuvre, l'entretien et la réparation des équipements électriques et électroniques qui, à bord des aéronefs, rendent possibles le pilotage, la navigation, le contrôle, la détection et les communications. C'est un expert en simulateurs de vol, radars, brouilleurs, radiocompas, balises de détresse, etc. La maintenance est une affaire sérieuse: de sa qualité dépendent le bon déroulement des vols, la réussite des missions (reconnaissance, combat...) et... la vie des pilotes. Le technicien avionique doit donc faire preuve de patience et de rigueur dans l'exercice de ses fonctions. Il remet régulièrement à jour ses connaissances, car les technologies utilisées évoluent très rapidement. Chaque intervention donne lieu à la rédaction d'un document transmis à l'ensemble des acteurs de la chaîne (professionnels travaillant sur la boîte électronique, la carte, les composants...).

Sur terre comme aux cieux

Quelle est l'armée qui rassemble le plus d'hélicoptères? L'armée... de terre! Ils appartiennent à un service spécialisé, baptisé ALAT (aviation légère de l'armée de terre). Lequel compte près de 500 appareils (dont une quinzaine d'avions) ayant plusieurs vocations: action antichar, renseignement, transport de troupes commandos, évacuation sanitaire, évacuation de personnel militaire ou civil, ravitaillement... L'ALAT regroupe 4 500 personnes environ. Ses besoins en recrutement concernent notamment les techniciens aéromobilité cellule et moteurs, et les techniciens aéromobilité avionique...

Accès: après le bac, formation militaire de 14 semaines à la base aérienne de Rochefort. La formation professionnelle se déroule, elle aussi, à Rochefort: elle dure 41 semaines, dont 14 de tronc commun avec les techniciens de la spécialité « équipements électroniques bord ».

Technicien cellule hydraulique

Armée de l'air – Sous-officier

Il focalise son attention sur les ensembles aériens (avions et hélicoptères), les éléments de structures (voilure, fuselage, gouvernes), les chaînes cinématiques (commandes de vol, atterrisseurs, freins), les installations et équipements de bord (carburant, hydraulique, conditionnement, pneumatique, oxygène). Ses activités relèvent du domaine de la maintenance: il bichonne le matériel, évalue son degré d'usure, recherche l'origine des pannes, met un terme aux dysfonctionnements dans des délais aussi courts que possible... Le métier s'exerce sur la piste, au sein des unités navigantes ou dans des ateliers d'entretien et de réparation spécialisés.
Accès: les bacheliers suivent un stage de formation militaire pendant 14 semaines à la base aérienne de Rochefort. La formation professionnelle se déroule au même endroit, mais sur 32 semaines (dont 6 de tronc commun avec les mécaniciens de la spécialité « systèmes de propulsion »).

Technicien tourelles et conduite de tirs

Armée de terre – Sous-officier

Électronique, mécanique, hydraulique... les chars et les matériels d'artillerie sont de plus en plus complexes. C'est ce qui amène ce technicien de maintenance à se spécialiser. Il travaille sur des engins blindés (famille AMX, char Leclerc...) ou sur des pièces d'artillerie de type sol-sol (canons, lance-roquettes) ou sol-air (missiles, radars), en fonction de son régiment d'affectation.
Il exerce en atelier ou parfois sur le terrain, lors d'opérations extérieures. Il doit faire preuve de rigueur, de méthode et de sens de l'organisation. Ses aptitudes à l'encadrement sont également importantes, car il peut devenir chef d'équipe de maintenance au bout de 8 ans, environ. Ensuite, il pourra éventuellement accéder au grade de major voire devenir officier par concours interne.
Accès: bac à bac + 2, à caractère technologique (bac STI, par exemple...). École nationale des sous-officiers d'active (ENSOA) de Saint-Maixent. Formation de 8 mois puis une formation générale technique à l'École supérieure et d'application du matériel de l'armée de terre de Bourges (5 mois).

Gérard, responsable de maintenance aéronautique

Au service de l'État

Au-delà des fenêtres du bureau de Gérard Collot s'étendent les vignes de la plaine de Cuers, dans le Var. Le bâtiment neuf qui abrite la division systèmes se trouve en bordure de piste de l'AIACP[1]. Le MCO, ou maintien en condition opérationnelle, constitue la raison d'être du service de maintenance aéronautique que dirige Gérard. *« C'est notre métier, même si nous faisons aussi des études »*, dit-il avant de préciser, avec un brin de regret : *« Nous sommes (avec nos collègues de Clermont-Ferrand et de Bordeaux) les derniers industriels du ministère de la Défense. »* Cet homme vif et réservé à la fois est intarissable quand il s'agit de son métier. Il évoque avec des mots simples la mutation de l'électronique : *« L'ordinateur a remplacé le fer à souder et l'oscilloscope. Mais il reste indispensable de connaître le composant pour pouvoir le programmer ! »*

Le quotidien de Gérard ne diffère pas vraiment de celui d'un responsable de service du privé. La philosophie, en revanche, n'est pas la même : *« On ne jette pas, on répare ! C'est assez logique, car les avions et les simulateurs sont conçus pour durer trente ans. Nous utilisons des technologies modernes pour pérenniser des systèmes anciens. C'est moins facile que de faire seulement du neuf ! »* Et cela exige de rassembler dans le service aussi bien des informaticiens maîtrisant le dernier-né des langages de programmation que des électroniciens connaissant les technologies des années 70 à nos jours. Gérard veille à ce que personne ne fasse que de la maintenance. *« Si on ne participe pas aux études, on perd en compétence »*, explique-t-il. Il montre avec fierté les équipements de pointe dont dispose son service, spécialisé dans le traitement de l'obsolescence des simulateurs et des systèmes d'armes embarqués : *« Dans ce domaine, nous n'avons rien à envier aux industriels du privé ! »*

Un autre avantage de la DGA[2] qu'il apprécie et dont il a profité : les possibilités d'évolution fonctionnelle et géographique. En 1973, il débute à la Sous-direction aéronautique de Toulon comme TSEF[3]. Il rejoindra ensuite la base de Cuers. Responsable de la mise en place d'un laboratoire de métrologie, d'un atelier de tests automatiques, puis d'un bureau d'études avioniques, il fait *« de la théorie appliquée »*. Inscrit au CNAM dont il va suivre les cours à Marseille, il réussit en 1978 le concours interne d'ingénieur d'études et de fabrication. En 1983, il devient ingénieur des études et techniques de l'armement. Après quelques années à Paris au service des programmes aéronautiques, il revient à la base de Cuers. *« J'aurais pu changer complètement de secteur, faire du technico-commercial, par exemple, mais je suis resté dans l'aéronautique. »* Une manière d'évoquer sans insister son amour des avions. Et son goût pour le côté « pratique » du métier. Apparemment infatigable, Gérard prend régulièrement la route de Paris, pour des réunions de travail, mais aussi pour apporter à la Direction de la programmation l'expertise que lui donne son expérience d'industriel. Et s'efforcer, là aussi, de mettre ses compétences au service de l'État.

1. L'atelier industriel de l'aéronautique de Cuers Pierrefeu
2. DGA : Délégation générale pour l'armement
3. TSEF : technicien supérieur d'études et de fabrication

Clément, électrotechnicien d'armes

Le Duquesne et moi

« L*e Duquesne, c'est ma maison, et la mer ma planète* », dit joliment Clément, 23 ans, quartier-maître à la Marine nationale. Cette frégate antimissiles n'a plus de secrets pour lui, encore moins son armement : Clément est électrotechnicien d'armes… *« Le Duquesne,* explique-t-il, *est l'un des bâtiments les mieux équipés de la Marine, avec son radar tridimensionnel à très grande portée et son radôme de onze mètres de diamètre. Et puis, il y a les nombreuses armes, de défense, d'attaque… »* L'armement à bord, en effet, n'a pas été négligé, c'est le moins que l'on puisse dire : 52 missiles dont 4 Exocet, 4 catapultes pour 10 torpilles, des tourelles et des canons, des mitrailleuses aussi… *« Mais je n'ai pas de fascination particulière pour les armes. Je suis entré dans la Marine un peu par hasard. »*

Féru de modélisme, il rencontre un jour un représentant de la Marine lors d'un salon de modélisme. *« Il m'a montré ses réalisations en miniature, des navires de guerre, bien sûr… Puis, il m'a raconté ses missions qu'il avait pu effectuer avec la Marine, dans des contrées lointaines. »* Clément veut en savoir plus et se rend au Bureau d'information sur les carrières de la Marine à Toulon, son BEP électrotechnique en poche. Les recruteurs lui parlent alors du métier d'électrotechnicien d'armes : il est vrai que la Marine manque de spécialistes dans ce domaine. Suit un exposé sur l'originalité de la vie maritime et sur les avantages de la condition militaire : la solde, les permissions, l'aide à la reconversion dans le civil après le contrat… Du haut de ses 19 ans, Clément n'hésite pas longtemps et s'engage comme matelot ! *« J'ai rapidement pris goût à la vie en mer. Je suis devenu un vrai marin,* dit-il fièrement. *D'ailleurs, à bord de la frégate, j'ai une double casquette. Je suis chargé, bien sûr, de la maintenance et de la réparation des armes, en tant qu'électrotechnicien. Le reste du temps, je suis sur la passerelle ou sur les ailerons. Je fais de la veille et je participe aux manœuvres maritimes en aidant les timoniers, les manœuvriers et les matelots… »* Clément n'a pas l'intention de raccrocher, *« pas pour l'instant… »*. Marquant une pause, il confie : *« Un jour, je poserai mes valises, pour fonder une famille… »* D'ici là, bon vent, quartier-maître Clément !

Douglas, technicien avionique

Quand passion rime avec ambition

Spécialiste de l'avionique, Douglas Simon occupe son premier poste de sergent à la base aérienne de Mont-de-Marsan. Une affectation qui lui permet de satisfaire trois aspects forts de sa personnalité : une formation technique (après un bac techno en électronique, il a obtenu un DUT génie industriel et maintenance), une vieille passion pour les avions et une haute idée des devoirs dus à la nation. « *Tout petit,* raconte-t-il, *je fréquentais déjà les salons aéronautiques et les meetings aériens du Bourget.* » Le choix de l'armée s'est lui aussi imposé tout naturellement. Ayant reçu une éducation stricte, la discipline ne l'effraie pas. Progressivement, il se forge un caractère de militaire : « *Cela ne vient pas du jour au lendemain,* explique-t-il. *Il faut avoir des objectifs précis et connaître les limites à ne pas franchir.* » Il faut aussi être « patriote dans l'âme » : une valeur qui se perd un peu aujourd'hui, mais qui lui semble indispensable : « *On représente la France, tout de même !* », s'exclame-t-il.

Novembre 1999 : Douglas démarre sa carrière à l'École des sous-officiers de l'armée de l'air à Rochefort : « *Un parcours du combattant, un peu comme on le voit au cinéma,* se souvient-il. *On nous inculque les rudiments du combat, les règlements. On fait beaucoup de sport et on apprend à se servir d'une arme.* » À l'issue de cette formation, la chance lui sourit. Alors que quatre orientations sont possibles, il décroche la spécialité qui correspond le mieux à ses goûts, à savoir l'avionique.

Juillet 2001 : il est muté à la base aérienne de Mont-de-Marsan, sorte de « vitrine » de l'armée de l'air où une bonne partie des avions en service sont utilisés comme supports expérimentaux. Les industriels viennent tester leurs équipements et, si les essais sont concluants, le feu vert est donné pour une mise en service dans l'ensemble des forces.

Le rôle du sergent Simon ? Préparer les vols avant le départ en mission, détecter les pannes, réparer dans les délais impartis. Dans le jargon, on parle de maintenance « préventive » et « corrective ». Contrairement à ce qui se passe dans le civil, les avions font l'objet d'un suivi permanent. « *Tous les aéronefs sont révisés avant et après chaque vol* », précise-t-il.

Douglas a réalisé une partie de son rêve : approcher davantage les appareils (un privilège dont peu de spécialistes peuvent se targuer) et, de ce fait, nouer des relations étroites avec les pilotes : « *Nous sommes leurs partenaires obligés,* rapporte-t-il avec fierté. *Certains nous demandent des conseils ou des explications détaillées sur tel ou tel équipement de bord.* » Pas question pour autant de se reposer sur ses lauriers : pour accéder au grade d'officier mécanicien, le sergent Simon consacre une grande partie de son temps libre à la préparation du concours d'entrée à la prestigieuse École de l'air de Salon-de-Provence. Il faut dire que, dans le portrait idéal qu'il dresse du militaire, l'ambition figure en bonne place.

SÉCURITÉ

Contrôleur de la circulation aérienne

Armée de l'air – Sous-officier

« Aiguilleur du ciel » au même titre que son homologue du secteur civil, le contrôleur aérien assure la régulation des mouvements d'aéronefs sur les aérodromes militaires et dans leurs zones d'approche. Depuis la tour de contrôle, il établit le dialogue avec les pilotes en vol autour du terrain, organise les décollages et les atterrissages. Lorsque les conditions météorologiques sont mauvaises, il actionne le guidage radar des avions. Il coordonne aussi le trafic au sol, sur les aires de manœuvre et de stationnement. Il informe les équipages et met en œuvre les moyens de sécurité et de sauvetage. Un impératif pour pouvoir exercer ce métier : bien connaître la langue anglaise.

Accès : après le bac, stage de formation militaire de 14 semaines à la base de Rochefort. Ensuite, formation professionnelle de 29 semaines (4 semaines d'apprentissage de l'anglais à Avord ; 25 semaines d'enseignement théorique et pratique à Mont-de-Marsan). La réussite à ce stage permet d'obtenir le certificat élémentaire (CE).

Détecteur

Marine – Officier marinier et quartier-maître

Le détecteur est « l'oreille » du bâtiment de guerre pour tout ce qui se passe sur la mer. Vigilant et réactif, curieux des nouvelles technologies, il utilise les moyens électroniques et acoustiques de détection (sonars, sondeurs, radars, balises aéronautiques...). Des instruments qui lui permettent de surveiller les alentours du bâtiment et, le cas échéant, de contrer les missiles des forces adverses. Sur les porte-avions, il assure également le contrôle aérien des avions et des hélicoptères embarqués à bord. Le détecteur anti-sous-marin, lui, est spécialisé dans la détection des dangers immergés (mines et sous-marins).

Le détecteur participe également au calcul de la route maritime, pour éviter les collisions avec d'autres navires ou sous-marins ou pour naviguer par mauvaise visibilité.

Accès : deux filières : intégrer l'École de maistrance, près de Brest (niveau terminale minimum), ou signer un EILD (engagement initial de longue durée). Après l'instruction militaire, formation d'une durée de quatre mois à l'école de spécialité de Saint-Mandrier (près de Toulon). Pour les détecteurs anti-sous-marins, formation complémentaire d'un an au centre d'interprétation et de reconnaissance acoustique, à Toulon.

Allô... le 18 ?

Un appel qui retentit près d'un million de fois par an ! Au bout du fil, un pompier de garde répond et envoie les ordres au centre de secours concerné : du sauvetage du chat coincé sur un arbre à la lutte contre un incendie, en passant par la prévention des risques chimiques sur un site industriel ou la sécurisation des zones militaires, leurs missions sont nombreuses et variées.
Et parfois dangereuses... car les pompiers sont toujours les premiers à intervenir sur le lieu du sinistre, en moins de 10 minutes !
La plupart des pompiers (85 % des effectifs) sont des volontaires bénévoles. Quant aux « pros », ce sont soit des fonctionnaires territoriaux (rattachés à la mairie, au département ou à la région), soit des militaires affectés dans deux importantes brigades : celle des sapeurs-pompiers de Paris (qui dépendent de l'armée de terre) et celle des marins-pompiers de Marseille (Marine nationale).
Chaque armée dispose également d'un contingent de pompiers qui veillent en permanence à la sécurité des infrastructures (bases aériennes, bases aéronautiques navales, arsenaux, dépôts de carburant...) et des matériels militaires (avions de chasse, navires de guerre, chars, armes...).

Fusilier commando Conducteur de chien

Militaire technicien de l'air (MTA)

À ne pas confondre avec le commando des *Marines*, héros de tous les films de guerre américains (tout en muscles et rampant tel un félin dans leur superbe tenue de camouflage...). Beaucoup plus prosaïquement, ce technicien est chargé d'assurer au quotidien la sécurité d'une base aérienne. Attentif au moindre mouvement suspect, il participe à des patrouilles de jour comme de nuit. Grâce à sa vigilance, tout intrus est inévitablement débusqué. Y compris dans l'obscurité, puisqu'il est désormais doté de puissantes jumelles à infrarouge. Un chien l'accompagne dans tous ses déplacements, qu'il soit à pied ou en véhicule d'intervention.

Accès : CAP, BEP ou bac pro. Stage de six semaines au Centre de formation des militaires techniciens de l'Air (CFMTA) de Saintes. Formation professionnelle au CFMTA de Saintes et à l'École de formation des commandos de l'air (EFCA) de Dijon.

Les mots soulignés peuvent être consultés dans le Dico.

Guetteur de la flotte

Marine – Officier marinier et quartier-maître

Sa qualité première: la vigilance. Installé dans un sémaphore, à terre, le guetteur de la flotte est chargé de la surveillance du littoral et du trafic maritime. La première de ses missions? Transmettre par VHF marine aux navires les observations météorologiques et toutes les informations nautiques: objet dérivant sur la mer, état de fonctionnement des feux de signalisation du bâtiment, événements ponctuels tels que les opérations des Canadair sur la mer, les explosions sous-marines...

De fait, le guetteur de la flotte assure la sécurité de tous les navires, qu'ils soient de la Marine nationale, de la marine marchande, ou de plaisance... De son poste de surveillance, il est souvent le premier à apercevoir les signaux de détresse et à repérer un bateau en difficulté. Selon l'urgence, il est amené à diriger lui-même les moyens de sauvetage sur le lieu du sinistre.

Accès: la filière est l'engagement initial de longue durée (EILD). Après l'instruction militaire, formation d'une durée de quatre mois à l'École de manœuvre et de navigation de Brest.

La gendarmerie, force de police ou armée?

Défense civile (surveillance du territoire et protection des personnes, prévention dans le domaine de la sécurité routière...) et police judiciaire (lutte contre les criminels et les délinquants...) sont les principales missions de la gendarmerie. Les chiffres parlent d'eux-mêmes: 85 % des crimes de sang et 76 % des infractions contre la paix publique et la réglementation sont traités par la gendarmerie. Laquelle assume cette mission de sécurité là où la police nationale n'est pas présente, c'est-à-dire sur 95 % du territoire (métropole, outre-mer, ambassades). Reportez-vous à la collection Parcours: *Les métiers de la justice et de la sécurité.* Mais ne pas se méprendre sur le statut des gendarmes: ce sont des militaires à part entière! À ce titre, la gendarmerie joue aussi un rôle de défense nationale: contrôle et surveillance des infrastructures de la force de frappe nucléaire, préparation de la mobilisation en cas de conflit, protection de points sensibles (arsenaux, aéroports et ports militaires...), engagement aux côtés des autres armées sur les théâtres d'opérations extérieures...

Météorologiste-océanographe

Marine – Officier marinier

C'est le monsieur météo de la Marine nationale! Grâce à ses connaissances scientifiques, le météorologiste-océanographe est capable d'analyser et surtout de prévoir les conditions météo propres au milieu marin. Pour cela, il utilise du matériel de haute technologie et interprète les données provenant notamment des satellites. Ses informations sont ensuite exploitées par les officiers chargés du commandement du navire, mais aussi par les manœuvriers, les navigateurs-timoniers... Les prévisions météorologistes mais aussi océanographiques (état de la houle, présence ou non de courant marin...) sont essentielles: elles permettent d'assurer la sécurité des personnes et des matériels (navires, aéronefs...). Elles donnent également des indications précieuses au commandant de bord afin

CENTRE OPÉRATIONNEL INFORMATISÉ DE LA GENDARMERIE.

d'optimiser les performances des manœuvres maritimes et militaires. Le météorologiste-océanographe opère à bord des navires. Mais il peut aussi être affecté dans des unités terrestres (centre d'expertise météo-océanographique, station météorologiste d'une base aéronavale…).
Accès : intégrer l'École de maistrance, près de Brest (niveau terminale minimum), puis effectuer la formation professionnelle d'une durée de dix mois à l'École des marins météorologistes-océanographes de Toulouse.

Opérateur de la surveillance aérienne

Armée de l'air – Sous-officier

Au temps de la guerre froide, on pensait que l'ennemi viendrait de l'Est. Aujourd'hui, on sait qu'une attaque peut être lancée des quatre points cardinaux : il faut donc redoubler de vigilance et parer à toute éventualité. Même si le risque zéro n'existe pas : les terroristes du 11 septembre l'ont prouvé en détournant des avions civils de leur trajectoire normale et en les utilisant comme de véritables bombes sur les villes de New York et Washington.
Contrôlant l'espace aérien national et ses approches, l'opérateur de la surveillance aérienne assume une lourde responsabilité : l'efficacité du système français de défense aérienne repose en grande partie sur lui.
Depuis la salle d'opérations d'un centre radar, il identifie sur un indicateur radar tous les avions pénétrant dans l'espace aérien qu'il contrôle. Il diffuse aux centres d'opérations les renseignements concernant les appareils qui représentent une menace potentielle. Il peut participer à l'information des équipages avant leur départ, à l'émission et à l'exploitation des messages de circulation aérienne et des plans de vol des aéronefs.

La gendarmerie

Effectifs pour l'année 2002.

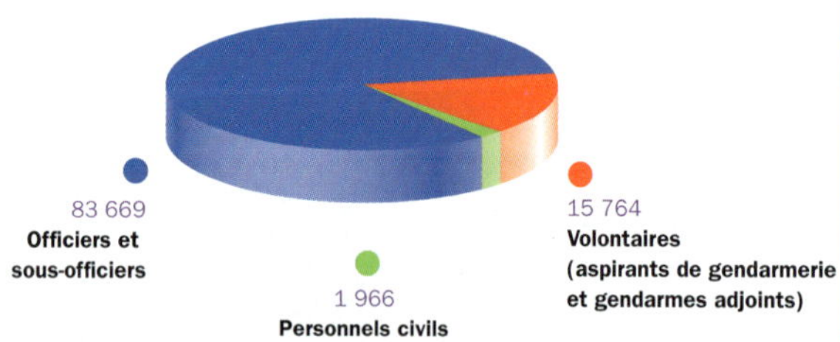

101 339 personnes travaillent pour la gendarmerie.
Le personnel civil ne représente que 0,7 % de l'ensemble des effectifs.

Répartition (en %) de l'activité de la gendarmerie

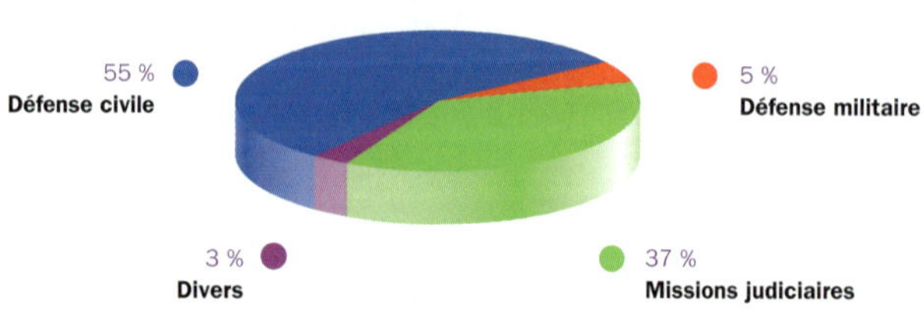

Source : **« MEMO GEND 2002 », du Sirpa gendarmerie**

Qualités requises : maîtrise de soi, rapidité et sûreté de jugement, esprit d'initiative, goût des responsabilités et du travail en équipe. Une bonne connaissance de l'anglais est également nécessaire.
Accès : les bacheliers de l'enseignement général et technologique suivent une formation militaire de 14 semaines sur la base aérienne de Rochefort, puis un stage de formation professionnelle de 21 semaines (4 semaines pour l'apprentissage de l'anglais à Avord ; 17 semaines de formation théorique et pratique au Centre d'instruction du contrôle et de la défense aérienne de Mont-de-Marsan).

Plongeur-démineur

Marine – Officier marinier et quartier-maître

Avec sang-froid et habilité, il participe à la localisation des mines. Objectif : les détruire ou les neutraliser, ou encore les récupérer ou les déplacer, afin d'éviter tout accident. Le plongeur-démineur se charge également de déblayer toutes les obstructions sous-marines (épaves, engins envasés…) afin de sécuriser la route de tous les navires (militaires et civils).
Les conditions d'exercice étant très éprouvantes, le plongeur-démineur doit avoir une excellente condition physique. Généralement affecté sur un navire de la Marine nationale spécialisé dans le déminage : « le chasseur de mines », il peut également travailler au sein d'une base terrestre (arsenal, base aéronavale…).
Accès : la filière est l'engagement initial de longue durée (EILD). Après l'instruction militaire, formation d'une durée de quatre mois à l'école de spécialité de Saint-Mandrier (près de Toulon).

Vincent, maître-chien

Pistage défense

« Entre mon chien et moi, il y a une vraie complicité ! »* Utilisant le jargon de son métier, Vincent, gendarme maître-chien, parle « d'un mariage réussi ». Kelson, berger belge malinois, sagement assis à ses côtés, langue pendante et oreilles dressées comme des antennes, semble boire les paroles de son maître : *« Il a une bonne bouille, un caractère bien trempé et il est dégourdi : c'est pas Rantanplan ! »* Puis de rajouter, non sans fierté, que son compagnon a un flair exceptionnel. *« Sur les 346 chiens de la gendarmerie, seulement 7 sont utilisés pour la recherche d'explosifs. Dont Kelson ! »*, explique-t-il. Du coup, il a toujours été utilisé comme chien de pistage : recherche de disparus ou de fuyards, détection de stupéfiants ou d'explosifs dans les lieux publics (aéroports, gares, centres commerciaux…).

Vincent et Kelson travaillent pour la gendarmerie de l'armement. Leur mission consiste à surveiller un centre d'études, à Gramat (46), relevant de la DGA[1] : *« Nous contrôlons un lieu où les ingénieurs inventent les futurs simulateurs pour les différents systèmes d'armes. Avec Kelson, nous patrouillons à l'extérieur, le long des clôtures. Lorsque nous sommes de garde la nuit, nous effectuons également une ronde à l'intérieur des bâtiments, en inspectant les bureaux et les ateliers. Objectif : dissuader toute intrusion grâce à notre présence et donc prévenir tout acte d'espionnage militaire ou industriel. Il faut être vigilant en dépit de l'apparente quiétude des lieux, surtout la nuit. Mais nous savons éviter la routine… »* En effet, entre deux patrouilles, Vincent organise avec un autre maître-chien des entraînements (simulations d'attaque et de défense, jeux de cache-cache…) pour maintenir leurs compagnons en forme et opérationnels.

Vincent n'a qu'un regret, que Kelson ne soit pas doué de parole ! *« Mais j'arrive très bien à communiquer avec lui et à savoir ce qu'il pense… Je peux même évoquer des liens affectifs, paternalistes : mon chien, c'est comme un gamin de 4 ou 5 ans ! »* Vincent ne s'éternise pourtant pas sur le sujet, car une page va bientôt être tournée et pas n'importe laquelle : *« Kelson va partir à la retraite, après huit ans de bons et loyaux services. C'est forcément un peu triste… »* Vincent fait une pause pour conclure sur une note résolument optimiste : *« Kelson sera recueilli par ma mère. Quant à moi, on va me donner bientôt un autre chien que je vais, après le " débourrage ", dresser en fonction de ses aptitudes. »* Une nouvelle aventure, en somme…

1. DGA : Délégation générale pour l'armement

Laurent, pompier dans l'armée de l'air

Un aventurier pragmatique

Djibouti, Mostar et Sarajevo lui sont aussi familiers que le village de la Drôme qui abrite sa maison et sa petite famille : en une dizaine d'années de carrière, le sergent-chef Laurent Grégoire a déjà pas mal « bourlingué ». Ce qui n'est pas fait pour lui déplaire, loin de là. Entré dans l'armée très jeune (il a intégré l'école des sous-officiers tout de suite après son service militaire), ce spécialiste de la sécurité-incendie a l'art de se donner les moyens de réaliser ses ambitions : *« Dans la vie, il faut savoir ce qu'on veut »*, ne cesse-t-il de répéter.

Une mission à l'étranger lui a été proposée quelques mois seulement après sa première affectation sur une base du Sud de la France. Direction : Sarajevo, alors en guerre. Il y retournera en 1996, juste après les accords de Dayton : c'était la période de la « terre brûlée ». Suivront Mostar en 1998, puis 18 mois à Djibouti. Demain, Laurent s'envole à nouveau pour Mostar où il restera quatre mois.

Des expériences très enrichissantes pour un amoureux des contacts comme lui : *« Je ne conçois pas de séjourner dans une ville sans avoir de relations avec la population locale,* confie-t-il. *Tout en respectant un certain nombre de règles : le secret sur les opérations, la bonne distance avec les personnes rencontrées... »*

Son séjour à Sarajevo comme « casque bleu » de l'ONU lui a réservé quelques émotions fortes. Par exemple, ce matin où une balle a traversé la salle des douches en suivant la trajectoire des glaces devant lesquelles les soldats avaient l'habitude de se raser. *« C'était juste avant notre arrivée dans les lieux,* s'empresse-t-il de préciser. *Mais un quart d'heure plus tard, on pouvait y passer. »* Laurent se souvient aussi de ces soirées où l'aéroport était pris sous les tirs croisés des Bosniaques et des Croates. *« On avait aménagé une petite lucarne blindée côté festivités... »*, raconte-t-il avec humour.

Séduit par les aventures lointaines, Laurent ne perd pas pour autant le nord et saisit toutes les opportunités de progresser dans la hiérarchie. En janvier 2001, il refuse un détachement pour préparer le brevet supérieur. Marquant une étape importante dans une carrière, cette qualification permet de devenir chef des secours et de gagner un peu plus à la fin du mois.

Entre deux « opérations extérieures », Laurent exerce son métier sur la base aérienne d'Orange. Chargé de la sécurité des aéronefs et des bâtiments, il évalue les risques, prévoit le matériel nécessaire pour lutter contre le feu, vérifie le bon fonctionnement des extincteurs, teste les différentes manœuvres, instruit le personnel... Cinq fois par mois environ, il assure une permanence de 24 heures. Son grand regret : les deux fois où il y a eu des crashes d'avion, il était de repos. *« C'est rageant de rater de telles occasions de mettre en œuvre son savoir-faire »*, s'exclame-t-il.

Laurent a besoin de se sentir utile : c'est un homme d'action. De réflexion aussi. Ne laissant jamais rien au hasard, il planifie sa vie professionnelle avec beaucoup de soin. Impensable, pour lui, de stagner à la même place : *« Je ne cherche pas à me mettre en valeur,* précise-t-il. *C'est une question de satisfaction personnelle. »*

SANTÉ

Infirmier

Sous-officier

Dans le jargon militaire, on parle de MITHA (militaires infirmiers et techniciens des hôpitaux des armées) : un terme général qui englobe les activités de l'infirmier, mais aussi les fonctions d'aide-soignant ou de secrétaire. La vocation première des infirmiers est d'assister les médecins dans leur rôle de soutien des forces armées à l'étranger : mise en œuvre des prescriptions thérapeutiques, soins et petite chirurgie dispensés au profit des malades et des blessés… Lorsqu'ils en ont le temps, ils peuvent participer à des actions d'éducation sanitaire en initiant les personnels au secourisme, en leur inculquant les règles élémentaires d'hygiène et de prévention. En France, les infirmiers trouvent des emplois dans les hôpitaux des armées (affectés par une grave pénurie), dans les centres de recherche et d'expertise, ou encore dans les établissements de formation. Qualités requises : le sens du contact, la disponibilité, la méticulosité et le sang-froid.

Accès : après le bac, les infirmiers suivent une formation professionnelle de trois ans à l'École du personnel paramédical des armées (EPPA) de Toulon. Objectif : décrocher le diplôme d'État d'infirmier, obligatoire pour exercer la profession. La formation militaire est dispensée en divers lieux, selon que l'on se destine à l'armée de l'air, à la Marine, à l'armée de terre ou à la gendarmerie.

Un métier au féminin

Les convoyeuses de l'air (ce métier est exercé presque exclusivement par des femmes) partent à bord des avions de la Force aérienne de projection (FAP) pour réaliser des évacuations sanitaires, des missions humanitaires, des détachements opérationnels ou des transports de passagers. Le diplôme d'État d'infirmier est exigé pour passer les épreuves de sélection (culture générale, médecine, anglais, sport…). Les candidates retenues suivent une formation de dix mois sur les bases de Villacoublay, Toulouse et Salon-de-Provence. Élèves officiers navigants, elles accèdent au grade d'aspirant dès l'obtention du brevet. Le métier exige une grande disponibilité (célibat souhaité en début de carrière) et une bonne résistance physique (décalages horaires, climats variés…).

Médecin

Officier

Sa raison d'être ? Le soutien sanitaire des forces armées lors des missions déployées hors du territoire national (en Bosnie, au Kosovo, en Afghanistan…). Qu'il intervienne dans un simple poste de secours ou au sein d'une antenne chirurgicale (disposant d'un équipement plus sophistiqué), ce maillon-clé de la chaîne de santé s'efforce d'apporter aux militaires français la même qualité de soins que ceux dont ils auraient bénéficié dans l'Hexagone.

PERSONNEL MÉDICAL MILITAIRE AU SECOURS DES BLESSÉS.

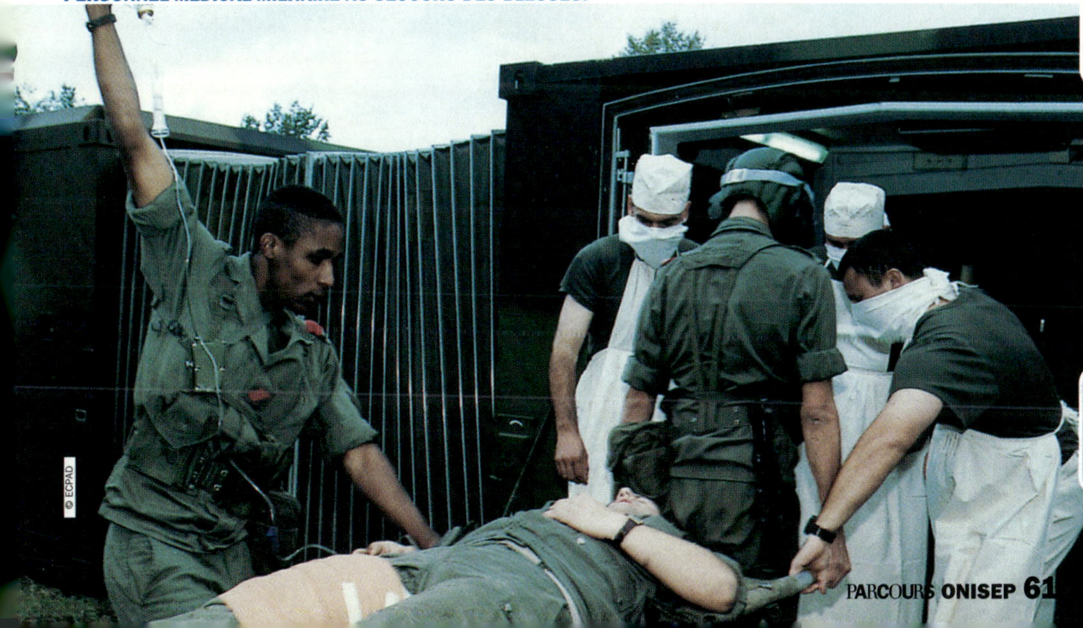

© ECPAD

Il peut être amené à traiter les proches d'un soldat (la famille est admise pour les longs séjours à l'étranger), voire les populations locales (l'exercice d'une médecine humanitaire est une tradition solidement ancrée dans l'histoire de l'armée française). Il agit également dans les domaines de l'hygiène, de la prévention, de l'enseignement et de la recherche.

Le médecin militaire exerce ses fonctions dans les cabinets médicaux des unités (au sein de l'armée de terre et de la gendarmerie, de l'armée de l'air ou de la Marine), dans les hôpitaux des armées ou encore dans les centres de recherche du Service de santé des armées.

Accès: après le bac, concours d'entrée aux écoles du Service de santé des armées de Bordeaux et de Lyon-Bron. Études de médecine à l'université avec les étudiants civils. Formation militaire en parallèle.

Pharmacien-chimiste

Officier

Il est chargé de la conception, de la direction, de l'inspection et de la mise en œuvre des services pharmaceutiques. Il exerce son métier dans les hôpitaux des armées, dans les établissements de ravitaillement sanitaire et dans les centres de recherche du Service de santé des armées. Il participe à des actions de prévention, à la délivrance de traitements, au maintien en bonne condition physique des personnels. Assurant le soutien sanitaire des armées, il est responsable, durant les opérations extérieures, du ravitaillement en matériel, en médicaments, en sang et en oxygène. La pharmacie centrale des armées, située à Orléans, est le seul établissement militaire habilité à fabriquer des médicaments: un peu moins de cinquante produits, à la formule relativement simple. Les pharmaciens nommés aux affaires réglementaires et à l'assurance qualité sont, par exemple, chargés de préparer les dossiers d'AMM (autorisation de mise sur le marché).

Accès: L'École du service de santé des armées à Lyon-Bron accueille les bacheliers qui ont franchi le barrage très sélectif du concours d'entrée (5 postes seulement en 2002).

Faiseur d'hémoglobine

Le sergent Christophe Gauthier est «grimeur» au Service de santé des armées. Un métier pour le moins insolite, qui l'amène à maquiller des plaies béantes, des brûlures au second degré ou de vilaines fractures sur de faux blessés. On pourrait croire que l'objectif est de faciliter le tournage de la dernière version de *Rambo* ou de *Scream*. En réalité, la démarche revêt un caractère beaucoup plus sérieux : tous ces artifices permettent au personnel soignant de s'entraîner à donner les premiers secours.

Source : *Armées d'aujourd'hui*, septembre 2002.

Vétérinaire-biologiste

Officier

Avec lui, le drame des marins décimés par le scorbut sur le cuirassé *Potemkine* ne risque pas de se reproduire! Le vétérinaire des armées est en effet chargé de contrôler l'hygiène et la qualité des denrées alimentaires distribuées aux combattants. Il opère, par ailleurs, une surveillance sanitaire sur les animaux utilisés par l'armée: chevaux de la garde républicaine, chiens de combat ou d'avalanche, etc. Il joue également un rôle en matière de protection contre les effets nocifs des armes nucléaires et chimiques. Les vétérinaires des armées sont parfois sollicités pour participer à des missions de service public: lors de la dernière épidémie de fièvre aphteuse, ils ont travaillé en étroite collaboration avec le ministère de l'Agriculture pour mettre au point les mesures qui s'imposaient.

Accès: les étudiants admis dans les écoles nationales vétérinaires passent un concours sur titre. Les candidats sélectionnés suivent leurs études dans l'établissement où ils ont été acceptés et reçoivent un enseignement complémentaire à l'École du service de santé des armées (ESSA) à Lyon-Bron.

Le Service de santé des armées

Parmi les 3294 officiers que compte le Service de santé des armées, on trouve:

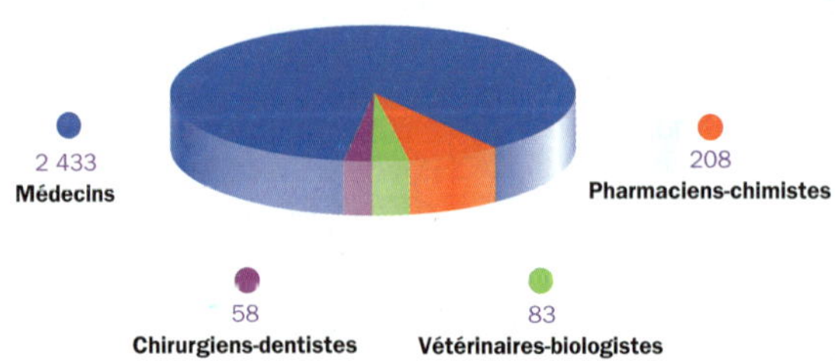

Olivier, chirurgien militaire

Carnet de route

Spécialiste en chirurgie viscérale, le médecin en chef Chapuis exerce à l'hôpital militaire Percy de Clamart (92) depuis six ans. Un hôpital où il se sent bien et sur lequel il ne tarit pas d'éloges : *« C'est un établissement à dimension humaine, de conception moderne (il a été créé en 1996) et bien équipé. »* Issus de la même filière, les médecins se connaissent souvent depuis l'école. Ce qui rejaillit sur l'ambiance : *« Il règne ici comme un esprit de camaraderie. Même les patients le ressentent »*, fait-il observer. Autre avantage : dans ce type de structure, le directeur n'est pas un « administratif », mais un praticien.

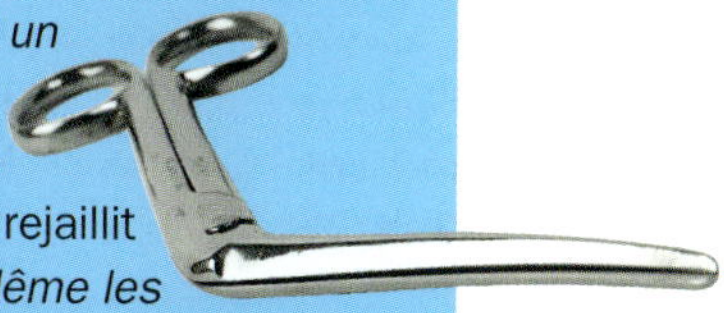

Pour en arriver là, Olivier Chapuis a suivi de longues années d'études, jalonnées de concours évaluant ses connaissances médicales bien sûr, mais aussi militaires. Un parcours qui s'est également nourri d'expériences très diverses. Une première affectation dans l'armée de terre, plus précisément auprès des gendarmes en Corse. *« Avec d'emblée, un poste à responsabilités »*, souligne-t-il. Suivront Hyères et la Nouvelle-Calédonie ; en tout, trois ans dans les unités.

Depuis son arrivée à Percy, Olivier Chapuis n'a pas cessé d'être mobile puisqu'il a encore effectué huit missions à l'étranger (une fois par an en moyenne, pour des durées de deux à quatre mois). Dans son carnet de route : la Bosnie, l'Albanie, la Macédoine, le Kosovo, le Tchad, la Côte d'Ivoire... Jamais de « *grabuge* », précise-t-il, mais l'occasion d'exercer, dans les moments creux, une médecine humanitaire au profit des populations locales. Une tradition typiquement française à laquelle il souscrit volontiers.

À l'hôpital, l'emploi du temps se partage entre le « staff » (visite des malades qui vont être opérés dans la semaine, examen de leurs dossiers), les consultations et le bloc opératoire. Avec des journées qui atteignent facilement douze heures. Et des problèmes similaires à ceux qu'on rencontre dans les hôpitaux civils, à savoir un cruel manque de personnel infirmier : *« C'est grave,* explique-t-il, *car cela nous limite dans notre activité. »* Autre regret exprimé : le sentiment de rester un peu à l'écart des réseaux de l'urgence. *« En France,* déplore-t-il, *on ne pense pas aux hôpitaux militaires pour les urgences. Pourtant, à Percy, tout est organisé pour les accueillir dans les meilleures conditions. »* Pour Olivier Chapuis, il y a là quelque chose d'illogique, qui mériterait d'être réformé : *« L'urgence est un terrain d'expérience pour nous,* plaide-t-il. *Si on n'en fait pas, nous perdons notre raison d'exister. La nation n'admettrait pas que ses chirurgiens ne soient pas immédiatement opérationnels face à des blessés de guerre. Elle devrait donc tout mettre en œuvre pour que nous puissions maintenir nos compétences dans ce domaine. »*

À l'heure du bilan, ce sont les satisfactions qui l'emportent. Pas étonnant, donc, qu'Olivier Chapuis souhaite continuer sur sa lancée. Recruté dès l'âge de 18 ans par le Service de santé des armées (SSA), il va bientôt arriver au terme de ses 25 ans d'engagement. Certains, à ce moment-clé de leur carrière, se laissent tenter par une reconversion dans le civil : *« Ce n'est pas mon cas »*, affirme Olivier Chapuis sans l'ombre d'une hésitation.

GESTION

Commissaire

Officier

Seul point commun avec le commissaire de police: il a un œil sur tout... ou presque. Cet officier administrateur a la très lourde responsabilité d'assurer au quotidien la gestion des ressources humaines (civiles et militaires) et financières, la logistique (matériels techniques, habillement, combustibles, alimentation...), des activités d'audit et de contrôle de gestion et du conseil juridique, au sein d'une base aérienne par exemple, dans un état-major, à bord d'un gros bâtiment de la Marine (porte-avions, frégates...), ou bien à la tête d'un service de commissariat de l'armée de terre... Autrement dit, tout passe par lui et, en cas de pépin financier, humain ou relevant de la gestion, c'est à lui que la justice civile ou la hiérarchie militaire demande des comptes. S'il bénéficie d'une grande autonomie, sa journée est souvent ponctuée de problèmes à résoudre d'ordres complètement différents. Il lui faut donc avoir une grande capacité d'adaptation, une capacité de travail et une disponibilité importante, de la rigueur, de l'organisation, le sens du commandement.

Accès: le concours annuel d'entrée, extrêmement sélectif, est commun aux trois armées. Pour le tenter, il faut être titulaire d'un des diplômes donnant accès au concours de l'Ena (licence, maîtrise ou diplôme d'IEP). Les admis suivent ensuite une formation de deux ans dans une des écoles du commissariat: à Montpellier pour l'armée de terre, Salon-de-Provence pour l'armée de l'air et Toulon pour la Marine nationale.

Commis aux vivres

Marine – Officier marinier et quartier-maître

C'est le chef de la cambuse! La salle des provisions est un lieu dont l'importance ne se dément pas, surtout lorsque le navire et son équipage partent en mer pendant trois mois... Le commis aux vivres s'occupe donc de l'approvisionnement des denrées alimentaires, de leur conservation et de leur distribution à bord. Il veille à ce que les normes de qualité, d'hygiène et de traçabilité des aliments soient respectées. En étroite collaboration avec le cuisinier, le maître d'hôtel et le fourrier (le comptable), il établit les menus prévisionnels. Il tient un inventaire quotidien de son stock profitant des escales pour se réapprovisionner. Esprit méthodique, imagination, grande disponibilité et sens relationnel sont les qualités indispensables pour exercer cette mission... cruciale!

Accès: Deux filières: intégrer l'École de maistrance, près de Brest (niveau terminale minimum), ou signer un EILD (engagement initial de longue durée). Après l'instruction militaire, formation d'une durée de quatre mois à l'école des fourriers de Querqueville (près de Cherbourg).

Gestionnaire administratif

Armée de l'air – Sous-officier

En état-major, au sein d'organismes administratifs ou de l'administration centrale, il est chargé d'audit, de conseil et de gestion financière, ce qui implique la maîtrise des procédés comptables publics ou privés, des techniques bureautiques et de la réglementation. Dans l'armée de l'air, il assure également la gestion des moyens matériels nécessaires à la vie courante de l'ensemble des unités: ravitaillement, approvisionnement et entreposage des matériels, commande et achat des matériels acquis sur le budget de fonctionnement, solde des personnels... Il lui faut donc faire preuve d'organisation, de rigueur, de méthode, d'un certain sens du contact et avoir le goût des responsabilités.

Accès: niveau bac général ou bac + 2 (BTS); sélection; formation militaire de 14 semaines à la base de Rochefort puis formation professionnelle de 6 semaines (pour les titulaires du BTS), de 9 semaines (pour les autres).

Spécialiste des affaires immobilières

Gendarmerie – Sous-officier

Organiser le déménagement de la caserne ou changer une ampoule, trouver un peintre pour « rafraîchir » les bureaux ou un plombier pour réparer la fuite d'eau des W-C... Le spécialiste des affaires immobilières a du pain sur la planche! C'est à lui de gérer les appartements des gendarmes: calcul des charges, entretien des parties communes, état des lieux... Il doit aussi monter les dossiers en vue de la construction ou de la rénovation des appartements, bureaux, locaux de garde à vue, garages, stands de tir.... Une aisance relationnelle est de mise pour négocier les interventions avec les différents corps de métier (architecte, géomètre-topographe, maçon, plombier...). Puis il surveille le déroulement des travaux et s'assure du respect des règles d'hygiène et de sécurité, de protection de l'environnement...

Accès: être titulaire d'un diplôme (du BT à bac + 2) dans le domaine de l'immobilier. Et subir avec succès les épreuves de sélection (QCM et tests psychotechniques).

Jean-Marc, commis aux vivres

Entre les stocks et les voyages

Ses rêves de voyage, Jean-Marc les nourrit depuis qu'il est enfant, à travers les récits que lui contait son père, marin, et les visites qu'il lui faisait faire sur les immenses bateaux militaires, quand il rentrait certains week-ends. C'est dès son bac en poche qu'il a donc cherché à intégrer la Marine nationale. Entré à l'école des sous-officiers un an plus tard, il en ressort commis aux vivres. Il est aujourd'hui second maître. *« Étant donné mes diplômes, je n'avais pas un grand choix,* explique-t-il, sans regret. *J'ai finalement opté pour le poste qui se rapprochait le plus de ma formation en comptabilité, et j'en suis satisfait. »* À 25 ans, après avoir navigué à bord de trois navires plus petits, il gère, sur la prestigieuse *Jeanne d'Arc*, les stocks de denrées, vérifie leur qualité et leurs dates de péremption, organise les livraisons, les commande aux « avitailleurs » qui pratiquent les prix les plus intéressants, et les range. En résumé, il s'occupe *« du ravitaillement en vivres du bateau de A à Z ».* Ou presque, car sur l'immense *Jeanne d'Arc*, le travail est divisé. Jean-Marc ne s'occupe que de certaines denrées. Son prochain bateau, il le choisira donc plus petit, pour plus d'autonomie. Même si, là aussi, il n'échappera pas aux critiques inhérentes à sa spécialité. *« Quand c'est bon, on félicite le cuisinier, quand c'est mauvais, c'est à cause du commis,* résume-t-il, un peu agacé. *Au début, je supportais difficilement les critiques, je prenais tout à cœur. Avec le temps, je laisse couler. J'ai compris que s'ils s'en prennent à la nourriture, c'est parce qu'ils ne peuvent pas s'en prendre au commandement. »* Mais ce qu'apprécie peut-être le plus ce curieux des autres et de la vie, ce sont les escales de 5-6 jours dans le monde entier. *« Souvent, la corvée de vivres ne prend qu'un jour, le premier ou le dernier,* raconte-t-il, le visage qui s'éclaire. *J'ai donc tout le loisir de partir en excursions, organisées par l'ambassade ou de visiter tout seul, et d'apprendre ainsi à connaître d'autres cultures. »* D'autant que les premiers jours, le bateau accueille des cocktails officiels. *« Le plus souvent, c'est à cette occasion qu'on rencontre les autochtones,* reprend-il. *C'est aussi ce que j'apprécie sur les bateaux, on rencontre et on discute avec des gens de tous horizons, ce qui crée un véritable esprit de camaraderie, et me permet d'avoir une certaine ouverture d'esprit. »* La seule ombre au tableau, c'est qu'il passe à côté des événements familiaux et amicaux importants, comme les baptêmes, les mariages, mais aussi les décès... *« C'est aussi pour ces raisons et pour avoir une vie de famille que je pense travailler plus tard à terre. »* Quant au risque d'entrer dans un conflit, il l'a intégré comme une éventualité, sans crainte, en remarquant seulement : *« Je sais que les bateaux coulent face aux avions. »* Un marin qui a décidément les pieds sur terre !

PÊLE-MÊLE...

Cuisinier

Oubliez les termes guerriers de la restauration civile (brigades, chefs de rang...). Dans l'armée, il n'y a que des cuisiniers (ou des « spécialistes de la restauration » dans l'armée de l'air), qui touchent à tout, chef ou exécutant. Chargé de la composition des menus, avec le gestionnaire ou le commis aux vivres, de la préparation des repas, de l'instruction du personnel, de l'organisation du travail, de la sécurité et de l'hygiène (la réglementation en la matière étant très exigeante), ce technicien des saveurs a la tâche difficile de procurer, tous les jours, du plaisir gustatif à plus d'une centaine de personnes. Car le moral des troupes passe beaucoup par l'assiette. Pour les marins en particulier, embarqués à bord de navires ou de sous-marins, les discussions tournant souvent autour des repas, le cuisinier revêt en effet un caractère central. De son côté, il doit apprendre à connaître les plats qui satisferont la grande majorité, varier les menus d'un jour sur l'autre, faire preuve d'imagination pour la présentation, et être prêt à organiser en un tour de main un cocktail ou un repas officiel. Il lui faut donc avoir un grand sens de l'adaptation, de l'organisation, de la créativité, de l'initiative et le sens du travail en équipe. Ainsi que des qualités pédagogiques.

Accès : un CAP-BEP cuisine en poche, le candidat à l'armée de terre passe par un stage d'apprentissage du métier militaire avant d'être affecté. Pour la Marine, deux filières : l'École de maistrance (niveau terminale) ou l'EILD (engagement initial de longue durée) ; après l'instruction militaire, formation de 3,5 mois à l'École des fourriers de Querqueville. Pour l'armée de l'air, un stage de 14 semaines à la Division de la formation militaire à Rochefort se poursuit par un second stage de formation professionnelle de technicien de la restauration, d'une durée de 20 semaines à l'École de gestion et d'administration.

Informaticien

Sous-officier

Participer à l'exploitation d'une salle informatique, instruire des utilisateurs non informaticiens sur les progiciels mis à leur disposition, développer des applications sur micro-ordinateurs ou gros systèmes, se spécialiser dans les réseaux de transmissions ou sur systèmes d'exploitation, participer à la maintenance d'applications concernant aussi bien la gestion que les systèmes opérationnels, instruire les futurs informaticiens...

L'informaticien, comme dans le civil, a la possibilité de mettre à profit ses compétences sous de multiples formes et dans des domaines complètement différents, allant de la gestion des matériels techniques (avions, véhicules, armement...) à la gestion financière, en passant par l'automatisation des systèmes d'armes. Selon son poste, il peut être amené à se déplacer pour des missions nationales et internationales, et bénéficie régulièrement d'une formation continue. Un bon esprit d'analyse, de l'organisation et de la méthode, du dynamisme et de la ténacité, une forte envie de s'investir, le sens du travail en équipe, ainsi qu'une certaine dose de pédagogie, sont appréciés.

Accès : dans l'armée de l'air, un bac scientifique en poche et une bonne connaissance de l'anglais, et la formation commence par un stage de formation militaire de 14 semaines à la Division de la formation militaire (DFM) de Rochefort, suivi d'un stage professionnel de 26 semaines à l'École supérieure et d'application des transmissions (ESAT) de Rennes. Dans l'armée de terre, un niveau bac, bac + 2 scientifique et la formation débute par 8 mois de stage à l'École nationale des sous-officiers d'active (ENSOA) de Saint-Maixent et se termine par 22 semaines ou plus à l'ESAT. Dans la Marine, formation de 15 semaines à l'École de maistrance (recrutement à niveau terminale minimum) puis cursus de spécialité à l'ESAT.

Ingénieur travaux

Armée de terre – Officier

C'est le monsieur BTP de l'armée. Pour le compte de l'arme du génie, il assure la maîtrise d'œuvre des travaux pour tous types d'infrastructures (routes, bâtiments...) nécessaires à la Défense. Il s'agit d'un poste exigeant, mais qui permet d'emblée d'être en situation de responsabilité importante en intervenant à tous les stades du déroulement des chantiers.

Il faut savoir mettre en œuvre les techniques de génie civil, les normes et documents techniques, la réglementation des marchés publics, savoir gérer les relations avec l'administration et les entreprises du BTP...

L'aisance relationnelle, le sens de la négociation et la disponibilité sont essentiels. Ce professionnel dirige et anime une équipe d'une dizaine de personnes.

Ayant le statut d'officier sous-contrat (OSC), l'ingénieur travaux signe des contrats courts renouve-

lables jusqu'à vingt ans. Ce type de contrats est conçu pour permettre d'acquérir une première expérience professionnelle significative.
Accès : diplôme d'ingénieur branche travaux publics et bâtiment. Bac + 4, éventuellement.

Moniteur d'entraînement physique et sportif

Sous-officier

Féru de sports de plein air, il ne craint pas d'avoir à faire des efforts physiques quel que soit le temps ou la température. Sa tâche principale : maintenir la forme du personnel militaire, mais aussi l'initier et le perfectionner à des disciplines sportives, comme la natation, la course, les parcours naturels ou d'obstacles... L'entraînement physique militaire et sportif dont il élabore les programmes, la mise en place et la planification, comprend des aspects de renforcement musculaire, d'échauffement, d'étirements et de remise en condition. Dans la gendarmerie, le « moniteur EPS » entraîne à des activités de haut niveau, et parfois plus spécifiques (course de fond, cross, athlétisme, course d'orientation, mais aussi initiation commando, canoë, rappel...). Le moniteur entraîne aussi aux épreuves physiques les candidats aux concours et examens militaires (aux tests de parachutisme, par exemple, dans l'armée de l'air) ; il organise des rencontres sportives interunités, dont il assure la sécurité, et des compétitions. À la fois chef et éducateur, il doit donc faire preuve de pédagogie et d'autorité.
Accès : dans l'armée de l'air, la formation militaire s'effectue pendant 14 semaines à la Division de la formation militaire (DFM) implantée à Rochefort, et se poursuit par un stage de formation professionnelle du moniteur qui dure 7 mois à l'École interarmée des sports (EIS) de Fontainebleau. Dans l'armée de l'air, le stage de formation militaire dure 8 mois à l'École des sous-officiers de Saint-Maixent, et le stage professionnel à l'EIS, 9 mois. Pour être moniteur dans la gendarmerie, il faut être gendarme depuis trois ans minimum.

En avant, la musique !

Qui a prétendu que les soldats ne savaient jouer que du clairon ? Tous les corps d'armée abritent des musiciens et des choristes, dont le talent est reconnu même au-delà de nos frontières. Recrutant sur audition d'anciens premiers prix du conservatoire, l'orchestre de la garde républicaine est chargé, entre autres, d'animer les cérémonies présidentielles. Unité de prestige, la « Musique de l'air » est sollicitée pour l'accueil des personnalités étrangères en visite officielle en France. Elle participe à des festivals de musique militaire, mais aussi à des concerts pour le compte d'associations caritatives. Les musiciens de l'armée de terre ont suivi une formation de six semaines au conservatoire de Versailles. Sous-officiers, ils peuvent devenir chef de pupitre, chef de fanfare ou responsable d'ensembles instrumentaux. La Marine dispose, elle aussi, de musiciens pour ses bases de Brest et Toulon, ses bâtiments ou ses établissements à terre. Plus inattendu : en cas de guerre, les « musiciens de la flotte » peuvent être mis à la disposition du Service de santé en qualité d'aides-secouristes. Ouverte aux jeunes de niveau BEP minimum, cette spécialité est accessible par la filière EILD (engagement initial de longue durée).

Les mots soulignés peuvent être consultés dans le Dico.

Photographe audiovisuel

La photographie classique, la photographie numérique, la vidéo, l'infographie, les matériels d'optique et le multimédia : autant de techniques liées à l'image que ce reporter tout terrain peut être amené à utiliser selon son affectation, dans un port, une base ou un régiment, mais aussi dans un service d'information et de relations publiques ou un service audiovisuel régional. Il travaille pour la mémoire des armées, ce qui peut l'amener, en fonction de son poste, à couvrir les opérations, à partir en mission dans des zones de conflit, à travailler parfois avec des spécialistes du renseignement, ou à élaborer des documents destinés à la formation et à l'information des militaires, à réaliser des photographies pour les nombreuses gazettes et journaux internes ou à destination du grand public. Mais l'image n'est pas suffisante. Le légendage et l'archivage constituent également une partie de son travail. Doué d'un sens artistique, il doit donc apprendre à se faire caméléon, discret et patient, quand il est reporter dans des zones de conflit, être à l'écoute des gens et populations qu'il peut rencontrer. Il doit également faire preuve d'initiative et suivre les évolutions technologiques dans son domaine.
Accès : après un bac +2 ou une terminale scientifique, la formation débute par 15 semaines à l'École des officiers mariniers de maistrance, pour la Marine, et se poursuit pendant cinq mois par l'École de formation des sous-officiers de l'air à Saint-Algnan. Pour entrer dans l'armée de l'air, 14 semaines sont à effectuer à la Division de la formation militaire de Rochefort, suivies de 21 semaines de stage de formation professionnelle.

Olivier, analyste-programmeur

Toujours prêt à boucler ses valises

O-1-0-1-0... Olivier Peden est analyste-programmeur affecté à la Direction centrale des télécommunications et de l'informatique de l'armée de terre, au Kremlin-Bicêtre. Le quotidien de ce jeune sous-officier de 31 ans ? *« Au sein d'une équipe de développement, je m'occupe de la création d'applications informatiques et de leur maintenance. Par exemple, actuellement je crée, sous les ordres d'un chef de projet, une application destinée à gérer tous les personnels civils de la branche télécommunications de l'armée de terre sur un intranet : carrières, notations, affectations, formations reçues... »* Un travail tout à fait comparable à celui d'un informaticien civil. *« Ce qui est motivant, c'est que ça bouge. On travaille sur de nouveaux systèmes et il faut tout le temps se remettre à niveau. Pour cela, on a accès à pas mal de formations en interne ou dans le civil. »*

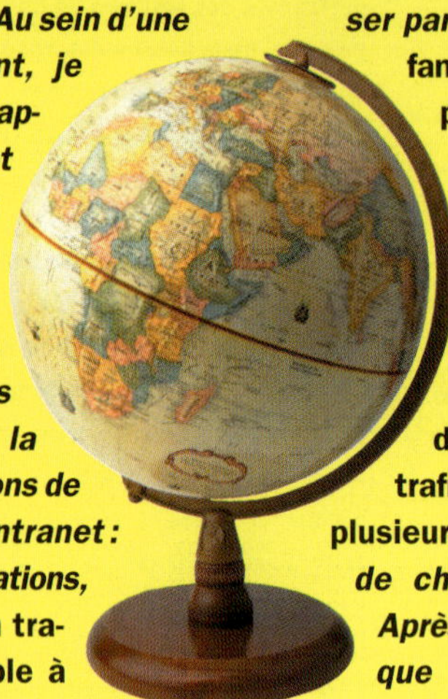

Plus qu'au secteur de l'informatique, Olivier se sent avant tout appartenir à l'armée. *« Je suis militaire dans l'âme, de par mon passé. Je suis entré dans l'armée comme militaire du rang, en compagnie de combat dans l'arme des troupes de marine. Je ne suis devenu sous-officier et informaticien que beaucoup plus tard, en 1995. »*

Olivier n'a pas toujours résidé en région parisienne. *« J'ai passé trois ans à la Réunion comme responsable informatique d'un site. Passer de la Réunion au Kremlin-Bicêtre, ça fait comme un changement ! Mais pour l'informatique, dans l'armée, il faut en passer par Paris. »* Ce père de deux enfants se console en pensant qu'il pourra sans doute repartir bientôt. Il appartient en effet toujours aux troupes de marine dont le personnel est appelé à servir outre-mer tous les quatre ans. Ainsi, dans sa carrière, Olivier a pu découvrir la République centrafricaine et le Rwanda, pendant plusieurs mois. *« On retire beaucoup de choses de ces expériences. Après, on relativise les problèmes que l'on peut rencontrer en France. »* Une chance : son épouse est comptable. Elle trouve donc en général assez facilement du travail lors de chaque mutation. *« Ma femme qui a goûté à l'outre-mer repartirait même bien demain. Mes deux enfants sont jeunes. Il n'y a aucun souci de ce côté-là. Ma fille s'est bien plu à la Réunion. À l'adolescence, ce sera peut-être un peu plus dur, mais pour le moment, je pense que c'est une chance pour eux de connaître plusieurs mentalités et modes de vie. »* Olivier sait de quoi il parle. Il est lui-même enfant de militaire. Les déménagements à répétition, il connaît !

Philippe, ancien chef cuisinier

Les papilles en voyage

La cuisine et les voyages. C'est pour allier ces deux passions que Philippe Doray a choisi la Marine et les bateaux, dès l'âge de 17 ans, *« et trois mois »*, tient-il à préciser. À raison, puisqu'en 26 ans de carrière – il est à la retraite depuis 5 ans –, il a fait escale dans pas moins de 67 pays, de Tahiti à Madagascar, en passant par la Réunion. Cette précision dans les chiffres, ce grand timide de 48 ans, qui se cache derrière un large sourire et une économie de mots, la tient sûrement de la cuisine, et de la rigueur qu'elle impose. *« J'ai nourri jusqu'à 300 marins, lorsque j'étais sur la* Jeanne d'Arc *»*, explique-t-il, sans s'en prévaloir, comme si c'était pratique courante. *« Lors du " coup de feu ", c'est-à-dire au moment où les personnes s'installent à table, il ne s'agit pas de chômer. Tout doit être organisé de manière à ce que les assiettes arrivent chaudes, composées avec un peu d'imagination, et agréables au goût. »* Et si l'un de ces critères n'est pas réuni, il en est rapidement informé, *« d'autant que sur un bateau, la nourriture est primordiale,* ajoute-t-il, *elle est l'un des principaux sujets de conversation des marins, elle peut faire ou défaire le moral des troupes »*. La responsabilité est donc énorme, sans être pesante, *« car les marins t'apprécient bien en général, le cuisinier est central dans leur quotidien, ils préfèrent donc sympathiser avec lui »*. Et chacun de passer sa tête par l'entrebâillement de la porte, histoire de proposer son idée, humer ce qui se prépare ou faire un brin de causette. La tête seulement, car la cuisine sur un bateau n'est pas ce qu'on appellerait spacieuse. *« On apprend à optimiser l'espace confiné dans lequel on travaille,* explique-t-il, avec humilité, *mais l'exiguïté devient pesante quand on est en pleine mer, pendant 10 ou 12 jours. On organise alors des concours de jeux de cartes, on regarde la télé, mais on tombe dans la routine et on vit dans moins de 10 m², entouré de personnes qu'on n'apprécie pas toujours. »* À ses yeux, c'est le seul désagrément, avec le roulis, qui lui imposait, par gros temps, de changer ses menus. Car lorsqu'il évoque ses escales, qui pouvaient durer entre 5-6 jours et plusieurs mois, ses yeux brillants se souviennent des visites, des saveurs qu'il a découvertes et appris à transmettre. Ce qu'il n'a pu réaliser toutefois, c'est construire une vie de famille. Il fallait choisir, il ne regrette pas.

Karine, chargée de communication

Surfeuse marine

« **J*e me sens comme un poisson dans l'eau !*** » **Le ton est donné. Karine est officier sous contrat dans la Marine. « *Enseigne de vaisseau* » précise-t-elle. Pourtant, elle n'exerce pas son métier sur la passerelle d'un navire. Ni même dans un port ou un arsenal… Mais dans un bureau à Paris, auprès du chef de la communication du service d'information sur les carrières ! Il n'y a là ni coup du hasard, ni erreur de parcours : « *J'ai choisi la Marine, car elle m'offrait un métier varié, de vraies responsabilités et de nombreux contacts avec les professionnels des médias…* » Auparavant, Karine travaillait comme infographiste dans une grande entreprise : « *J'étais confinée dans une seule tâche, celle du packaging d'un même type de produit* », explique-t-elle. C'est dire si elle apprécie aujourd'hui la diversité des missions qui lui sont confiées, en collaboration avec d'autres officiers. « *Je m'occupe de la mise en place de la campagne de communication nationale pour le recrutement des jeunes, en tant qu'infographiste des brochures d'information sur les carrières de la Marine.* » Elle planche également sur le projet de développement du site internet de la Marine : Karine participe à ce projet en tant que webdesigner. « *C'est une vraie remise en question, car je dois acquérir de nouvelles compétences dans le domaine de l'internet. Mais cette expérience est très enrichissante, car notre équipe doit mener le projet de bout en bout pour ensuite le concrétiser.* »**

Pour cette jeune femme décidée, il s'agit surtout « *d'éviter la monotonie* »… et d'étoffer son curriculum vitæ. Elle n'a pas encore posé les jalons de la suite de sa vie professionnelle : poursuivre sa carrière au sein de la Marine nationale ou profiter du système de la reconversion des militaires dans le civil… Elle n'exclut pas non plus de changer de métier. « *Peut-être préparerai-je le concours de professeur des écoles. Pour concrétiser une autre envie, celle de travailler avec les enfants…* », lance-t-elle, un brin rêveuse, vite rappelée à la réalité par la sonnerie du téléphone. « *C'est le chef, et c'est à propos de la prochaine inspection du bureau de recrutement, à Toulon. Il faut être réactif, car je navigue entre plusieurs activités, très différentes les unes des autres* », explique Karine. À Toulon, elle profitera d'une « perm' » pour aller surfer, mais sur les vagues cette fois-ci…

études

Vos questions nos réponses

Avec un diplôme de l'armée de terre, peut-on travailler dans la Marine nationale ou l'armée de l'air ?

80 88 92 84

Non. Chaque armée a ses propres filières et établissements de formation. On n'y apprend rarement les mêmes métiers et on n'y reçoit ni la même culture ni les mêmes valeurs. Toutes les infos pages 80, 84, 88, 92.

89 103 93

Faut-il le bac pour devenir sous-officier ?

Pas forcément. Tout dépend de l'armée ou du service concerné. La Marine nationale, le Service des essences des armées, la gendarmerie ne l'exigent pas explicitement. Par contre, l'armée de terre et l'armée de l'air recrutent leurs sous-officiers en externe parmi les bacheliers. Toutes les infos pages 89, 93, 103.

Les scientifiques sont-ils les seuls à pouvoir intégrer une école d'officiers ?

76 80 88

Non, Saint-Cyr organise plusieurs concours pour les élèves issus de classe prépa littéraire et les titulaires de licence ou maîtrise en sciences humaines. Les diplômés d'un 3e cycle peuvent être admis sur titre. Quant à l'École navale, elle intègre, en 3e année, des bac + 5 dont le profil peut être littéraire. Seule l'École de l'air recrute exclusivement des candidats scientifiques. Toutes les infos pages 76, 80, 88.

© ECPAD

80 92 76

Les formations militaires sont-elles ouvertes aux universitaires ?

Oui, l'armée diversifie ses modes de recrutement en direction des diplômés de l'enseignement supérieur. On peut intégrer Saint-Cyr, Navale, se présenter au concours d'entrée à l'EOGN (École des officiers de la gendarmerie) avec un cursus en droit, ou bien devenir officier sous contrat. Toutes les infos page 76, 80, 92.

Peut-on accéder à la carrière d'officier sans passer par les grandes écoles militaires ?

Oui. Il existe une voie de promotion interne, pour les sous-officiers et officiers sous contrat en activité. Mais il faut réussir un concours d'accès à une école militaire réservée. Toutes les infos pages 79, 83.

Y a-t-il une école formant les gestionnaires de l'armée ?

Oui et même plusieurs. Pour devenir « commissaire », il faut passer un concours interarmées de niveau bac + 3, et le concours de l'EMCTA avec un DEUG en poche pour devenir officier du corps technique et administratif (OCTA). Les candidats reçus suivront ensuite une formation dans une école spécifique à chaque corps d'armée ou service. Toutes les infos pages 94 à 97.

Quel niveau d'études pour devenir ingénieur de l'armement ?

Il faut intégrer une des cinq écoles d'ingénieurs sous tutelle de la DGA, accessibles par concours après une classe prépa scientifique. Dilettante s'abstenir… Toutes les infos pages 98 à 101.

© ECPAD

Où les sous-officiers de l'armée de l'air apprennent-ils leur future spécialité ?

Dans un premier temps, les sous-officiers partagent une formation commune de 14 semaines sur la base aérienne de Rochefort. Puis ils rejoignent un, voire plusieurs lieux de formation où ils vont se spécialiser. Toutes les infos page 86.

Quelles sont les formations du Service des essences ?

C'est à la base pétrolière de Chalon-sur-Saône (BPIA) que, du militaire du rang à l'OCTA, en passant par le sous-officier SEA, on apprend le métier d'exploitant pétrolier. Toutes les infos pages 102 et 103.

Comment devenir médecin ou pharmacien des armées ?

Après le bac, il faut passer un concours commun pour être admis à l'École du service de santé des armées (ESSA). Un an plus tard, il faudra réussir, au même titre que les étudiants civils, le concours qui sanctionne le premier cycle des études médicales (ou pharmaceutiques). Toutes les infos pages 104 à 106.

Schéma des études

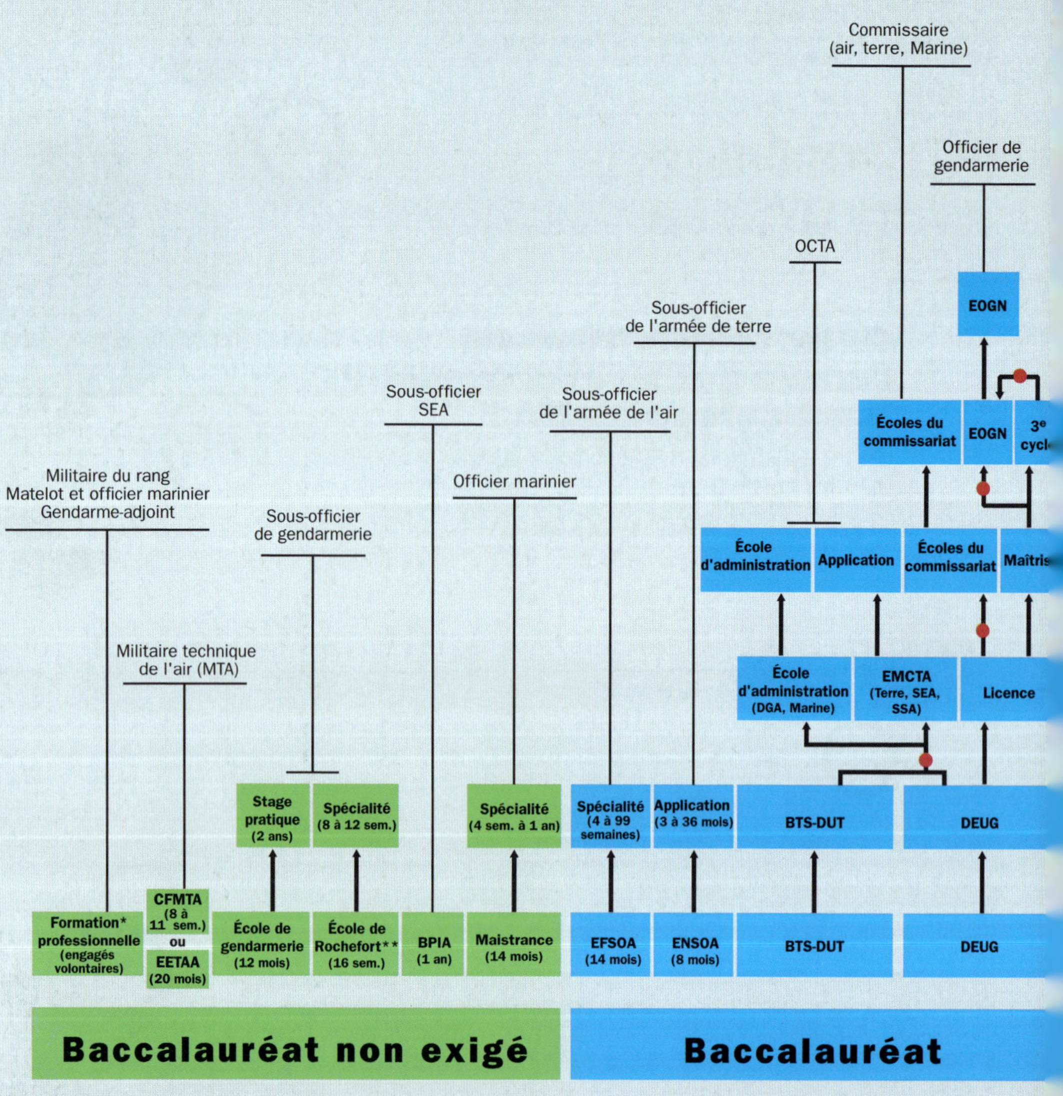

Lexique

BPIA : base pétrolière interarmées (Chalon-sur-Saône)
BTS : brevet de technicien supérieur
CFMTA : centre de formation des militaires techniciens de l'air (Saintes)
DCEM : 2e cycle des études médicales
DCEO : 2e cycle des études odontologiques
DEUG : diplôme d'études universitaires générales
DGA : délégation générale pour l'armement
DUT : diplôme universitaire de technologie
EETAA : École d'enseignement technique de l'armée de l'air (Saintes)
EFSOAA : École de formation des sous-officiers de l'armée de l'air (Rochefort)
EMCTA : École militaire du corps technique et administratif
ENSOA : École nationale des sous-officiers d'active (Saint-Maixent)
ENV : écoles nationales vétérinaires
EOGN : École des officiers de la gendarmerie nationale (Melun)
EPPA : École du personnel paramédical des armées (Toulon)
ESM : École spéciale militaire de Saint-Cyr
ESSA : École du service de santé des armées (Lyon et Bordeaux)
OCTA : officier du corps technique et administratif
PCEM : 1er cycle des études médicales
PCEO : 1er cycle des études odontologiques
PECP : 1er cycle des études pharmaceutiques
SEA : Service des essences des armées
SSA : Service de santé des armées
* Durée variable
** En fonction de la spécialité, diplôme requis du CAP (certificat d'aptitude professionnelle) à niveau bac + 2
*** Polytechnique, Supaéro, ENSTA, ENSIETA, ENSICA
● Concours ▲ thèse

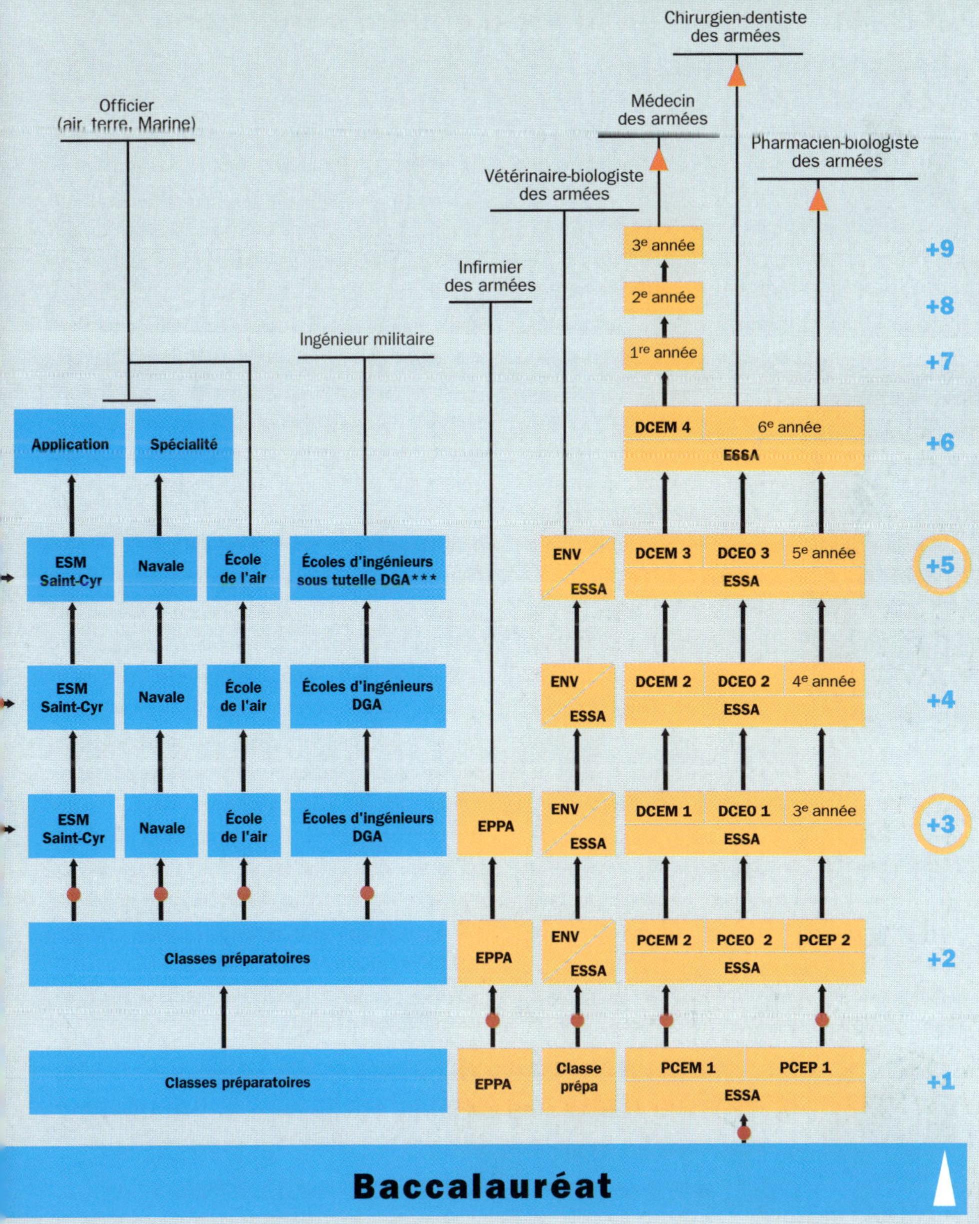

ENTRER DANS UNE ÉCOLE MILITAIRE

Pour intégrer Saint-Cyr, Navale ou l'École de l'air, la voie la plus courante passe par deux ans de classes prépas (dans un lycée civil ou militaire), puis un concours. Mais les universitaires peuvent aussi se frayer un chemin. Mode d'emploi à l'attention des futurs candidats.

L'admission en 1re année des écoles d'officiers est soumise à la réussite d'un concours dont les épreuves sanctionnent, le plus souvent, un niveau équivalant à deux années de prépa scientifique. Ce concours est, de fait, très semblable à celui qui conditionne l'entrée dans une école d'ingénieurs civile. Parfois, les épreuves sont communes : ainsi, Navale partage son concours avec les écoles polytechniques. Autre signe de cette proximité : la plupart des élèves officiers sortent avec un diplôme d'ingénieur en poche.

© ECPAD

L'oral lui-même n'a rien à voir avec un entretien de motivation, destiné à cerner si le candidat a le bon profil pour embrasser une carrière militaire. Jouant un rôle purement informatif, il ne donne pas lieu à une notation et ne peut être éliminatoire. Les seules épreuves que l'on pourrait qualifier de spécifiques se limitent au sport et, pour l'École navale, à une note de synthèse. Destinés à servir dans l'armée, les candidats sont évalués sur leurs performances physiques. L'épreuve de français est, elle aussi, conçue dans une perspective professionnelle. Le capitaine de frégate Xavier Rebour en souligne l'intérêt : « *Un officier de marine ne doit pas avoir un profil exclusivement scientifique. Des connaissances littéraires lui sont utiles pour rédiger un argumentaire ou des fiches.* »

Les prépas scientifiques ne sont d'ailleurs pas la seule filière d'accès aux écoles militaires. Les élèves qui ont suivi une prépa littéraire ou commerciale peuvent se présenter aux concours « lettres » ou « sciences économiques et commerciales » de Saint-Cyr (30 et 40 places en 2003, soit autant que pour le seul concours « sciences »).

Tenue civile de rigueur

Pour tous les candidats, une question se pose : « *Si je passe par un lycée militaire, aurai-je de meilleures chances de réussir le concours ?* » Impossible de l'affirmer. D'après le lieutenant-colonel Reboul, si les élèves issus des lycées militaires représentent 56 % des admis à l'École de l'air, cela s'explique facilement : « *Ces lycées concentrent les élèves les plus motivés, ceux qui vont se focaliser sur les écoles militaires parce qu'ils ont déjà une idée précise de ce qu'ils veulent faire.* » Mais la préparation au concours n'y est pas plus intensive que dans un lycée civil. Au Prytanée, on avoue même que les derniers résultats d'admission aux écoles militaires ont été très

Les classes prépas ne sont plus la seule voie d'entrée dans les écoles militaires. Saint-Cyr a donné le ton en élargissant, la première, son recrutement à des universitaires.

décevants. Un membre de l'équipe éducative incrimine un certain relâchement dans la discipline: *« Les études dirigées, le soir, ont disparu en même temps que les scientifiques du contingent qui les encadraient. »*
Au COFAT (Commandement de la formation dans l'armée de terre), on se refuse à faire une quelconque distinction entre candidats civils et militaires. Au bureau concours de Paris, le commandant Daniel Merillou insiste: *« Par respect de l'équité, nous avons imposé que tous les candidats se présentent aux oraux en tenue civile. Il est désormais interdit de venir avec un blazer arborant l'écusson d'un lycée militaire. »*

Des fenêtres d'aération

Dernière observation: les prépas ne sont plus la seule voie d'entrée dans les écoles militaires. Saint-Cyr a donné le ton en élargissant, la première, son recrutement à des universitaires. Dès cette année, une admission sur titres a été organisée pour des diplômés de niveau bac + 5 : parmi les candidats sélectionnés, on trouve, par exemple, un titulaire de 3e cycle en neuropsychologie. L'année prochaine, un nouveau concours permettra d'intégrer des bac + 4. Chargé de la mise en place de cette réforme, le lieutenant-colonel Barnay se montre un farouche partisan du « métissage culturel » : *« Notre école est généraliste,* rappelle-t-il, *et on y reçoit une formation pluridisciplinaire. »* L'École navale s'intéresse, elle aussi, aux diplômés de l'université: les titulaires d'une maîtrise scientifique peuvent désormais entrer en 2e année. Même les littéraires ont leurs chances: en 2002, le titulaire d'un DEA d'histoire a été admis en 3e année. Chef de la section « recrutement officiers » au Service d'information sur les carrières de la Marine, Denis Bertrand explique: *« Ce qui compte, c'est d'avoir reçu une formation cohérente. Les candidats que nous admettons à bac + 5 ont un savoir-être et un savoir-faire qui leur permettent de faire face à une situation, de jauger un problème et de le prendre par le bon bout. Peu importe s'ils ont obtenu un diplôme d'ingénieur ou pas. »*
Loin d'être anecdotiques, ces recours à de nouveaux viviers de recrutement sont considérés comme d'indispensables « fenêtres d'aération ». Une volonté d'ouverture qui devrait se confirmer dans les années à venir.

Le lycée militaire n'est pas un sésame

Combien sont-ils ?

On compte 6 établissements de ce type en France : Aix-en-Provence, Autun, le Prytanée national militaire de La Flèche et Saint-Cyr-L'école (tous quatre sous la tutelle de l'armée de terre), auxquels il faut ajouter le lycée naval de Brest et l'École des pupilles de l'air à Grenoble.

Qui peut s'y inscrire ? Comment y entre-t-on ?

Le recrutement est ouvert aux bacheliers qui justifient d'un bon niveau scolaire. L'admission se fait sur examen du dossier, exactement comme dans les prépas civiles. Les promotions sont mixtes. Le Prytanée a été le premier à accueillir des filles : aujourd'hui, sur les 276 élèves de 2e année qui vont présenter des concours, on compte 21 candidates. Dans les faits, on constate que la plupart des élèves ont un parent militaire, qui est lui-même passé par un de ces établissements.

Qu'y fait-on ?

Le programme et les horaires sont les mêmes que dans les prépas civiles. Seules différences : des équipements sportifs qui permettent aux élèves de s'entraîner régulièrement et une préparation approfondie de l'épreuve de français pour le concours d'entrée à Navale. Sur ces deux points très précis, on peut dire que les lycéens militaires partent avec un léger avantage sur les élèves qui ont suivi une prépa scientifique dans un lycée civil, mais cela ne représente, en aucun cas, une garantie de succès au concours.

En quoi se distinguent-ils des lycées civils ?

Les élèves perçoivent une solde et sont nourris, blanchis, logés. Souvent éloignés de leur famille, ils sont soumis au régime de l'internat (à noter que le système s'est assoupli ces dernières années et qu'il y a aujourd'hui une plus grande ouverture sur l'extérieur). L'ambiance donne cependant un avant-goût de l'armée : élèves au garde-à-vous, port de l'uniforme, classes organisées en compagnies et encadrées par des officiers supérieurs...

SE FAIRE FORMER PAR L'ARMÉE

L'armée offre à de nombreux jeunes une formation professionnelle clés en main. Recrutant à tous les niveaux d'études, elle recherche aussi avidement des profils pointus déjà opérationnels.

Se faire former par l'armée ou être recruté avec une qualification déjà en poche, quelle est la meilleure stratégie ? Aujourd'hui, plus le postulant a un niveau d'études élevé, plus son dossier est apprécié. Néanmoins, les personnes non qualifiées ou non diplômées peuvent trouver dans l'armée une première expérience professionnelle. En fait, tout dépend de la profession que l'on a envie d'exercer et du niveau d'études civiles que l'on souhaite atteindre.

© ECPAD

Il existe deux formes de recrutement : par niveau d'études et sous contrat. Le candidat titulaire d'un diplôme allant du CAP jusqu'au baccalauréat, pourra être sous-officier ou militaire de rang. Celui qui a suivi des études supérieures sera officier. À noter que chaque grade est constitué d'échelons qui permettent d'établir la grille des rémunérations. Autrement dit, plus on a un niveau d'études élevé, plus on est haut gradé et plus on bénéficie de responsabilités, mais aussi d'un salaire et d'avantages importants. C'est logique, mais le système n'est pas étanche. La promotion interne peut permettre de gravir les échelons. À noter également que les points de retraite ne sont cumulés qu'à l'entrée dans l'armée... De longues études signifient aussi une retraite plus tardive.

Les bac + 2 appréciés

D'autre part, pour être militaire de rang, on peut penser qu'il ne sert à rien d'avoir un bac + 2. C'est à nuancer. Une personne qualifiée ne peut être que plus intéressante pour l'armée, car elle raccourcit les délais de formation. Plus la personne a un niveau d'études élevé, plus son dossier est apprécié.

Depuis sa professionnalisation, l'armée a lancé un programme de recrutements sous contrat pour garçons et filles hautement spécialisés ou sans diplômes, pour remplacer le vivier d'appelés qui lui fait défaut. Des contrats de courte ou de longue durée qui peuvent être suivis par un engagement dans l'armée, ou une reconversion dans le civil.

Ainsi, lorsqu'on a entre 18 et 25 ans, et qu'on a ni qualification ni diplômes, l'armée peut être une première expérience professionnelle, valorisante sur le marché du travail. La Marine, par exemple, recrute des engagés initiaux de courte durée (EICD), sous contrat pendant trois ans, et les forme à plusieurs spécialités (formation rémunérée) : service général (peintre, coiffeur, conducteur de véhicules...), protection défense (il participe à la sûreté et à la protection des points sensibles de la Marine) et manutention aéronautique (il participe au déplacement et à la sécurité des aéronefs embarqués).

Chaque corps d'armée ou service spécialisé a ses propres règles de fonctionnement. Renseignez-vous donc précisément !

Vous n'avez pas de diplôme ? L'armée peut vous former. Vous avez un bac + 2 ? Vos délais de formation seront raccourcis.

GRIMPER DANS LA HIÉRARCHIE

Monter en grade et devenir un jour officier de carrière, c'est théoriquement possible pour tous les militaires. Mais décrocher les épaulettes par la voie de la promotion interne est loin d'être une simple formalité.

Pour devenir officier, la voie classique est d'intégrer sur concours ou sur titre universitaire une grande école militaire… Autre piste : la promotion interne, réservée aux sous-officiers en activité qui veulent « grimper » dans la hiérarchie. Tous sont encouragés à suivre cette voie, car il est fortement recommandé aux personnels des armées de ne pas « s'endormir sur ses lauriers ! » Toutes armées confondues, la moitié environ des officiers sont recrutés par la voie interne.

L'objectif, c'est d'entrer dans une école militaire réservée aux sous-officiers. Il y en a une par armée. Pour cela, il faut remplir plusieurs conditions : justifier d'au moins deux ans d'expérience dans son armée, voire plus, avoir au moins le bac, être bien noté par ses chefs et… réussir un concours interne ! Au vu des épreuves, il semble plus accessible que les concours externes des grandes écoles. Le niveau d'études requis est moindre : on peut par exemple se présenter aux portes de l'École militaire de la flotte avec un bac, alors que pour le concours externe de la Navale, la bataille fait rage entre les candidats issus des classes prépas scientifiques…

250 candidats pour 45 places

Il ne faut pas croire pour autant que c'est gagné d'avance, car une préparation au concours s'impose… Le système des cours par correspondance prévaut, pendant au moins deux ans avant les épreuves, avec son lot de sacrifices : il faudra travailler pendant les permissions, les soirs… Catherine, sous-officier de l'armée de l'air, résume bien la situation : *« Il faut tenir le rythme ! Pendant des mois et des mois, il faut mener trois affaires de front : l'activité professionnelle, les études et… la vie privée ! »* Ensuite, le nombre de places offertes par les écoles est limité.

Un concours, même interne, reste un concours ! Dans la gendarmerie, en 2002, sur les 467 gendarmes qui ont passé les épreuves pour devenir officier, 59 seulement ont été reçus. À l'École militaire de la flotte, on dénombrait 250 candidats pour 45 places…

Quant aux militaires du rang, ils peuvent, eux aussi, évoluer et devenir sous-officiers : en 2001, 6 493 d'entre eux ont bénéficié de la promotion interne. Il existe deux systèmes, en fonction de l'armée : intégrer une école qui leur est réservée ou devenir sous-officier sous contrat.

Préparation intensive et travail acharné… la voie de la promotion interne passe par la réussite à un concours des plus sélectifs.

L'armée de terre

Les deux principales écoles de l'armée de terre sont l'ESM de Saint-Cyr à Coëtquidan qui forme les officiers et l'ENSOA de Saint-Maixent destinée aux sous-officiers. Après cet enseignement militaire général, officiers et sous-officiers rejoignent une école d'application pour recevoir une formation professionnelle.

Taux de réussite aux concours d'entrée à Saint-Cyr

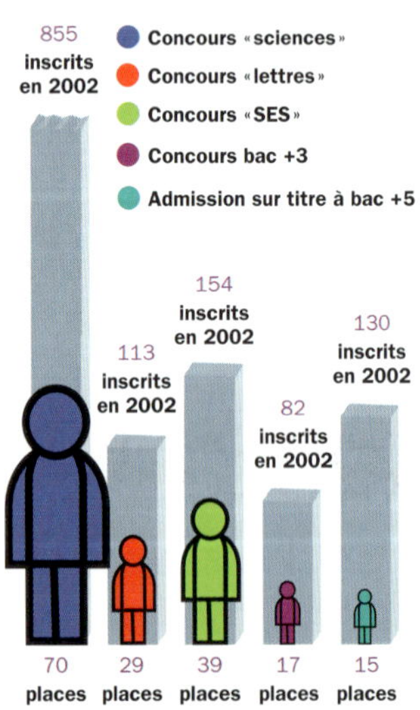

10 places prévues au concours bac + 4, mis en place à partir de 2003.

***Source :* Cofat, bureau des concours directs.**

OFFICIER

École spéciale militaire de Saint-Cyr (ESM)

Accès

• **Scolarité en trois ans :** concours « sciences » pour les élèves des classes préparatoires aux grandes écoles (CPGE) scientifiques (MP, PC, PSI) ; concours « lettres » pour les élèves des CPGE littéraires (option ENS Ulm A/L, B/L, ENS Lyon [toutes séries]) ; concours « sciences économiques et sociales » pour les élèves des CPGE de commerce et de gestion, option économie.
Le concours bac + 3 s'adresse aux titulaires de licence, au minimum.
Âge requis : moins de 22 ans au 1er janvier de l'année du concours.

• **Scolarité en deux ans :** admission sur concours pour les titulaires d'un diplôme universitaire bac + 4 ou d'un titre reconnu équivalent.
Âge requis : moins de 23 ans au 1er janvier de l'année du concours.

• **Scolarité en un an :** admission sur titre pour les titulaires d'un diplôme de niveau bac + 5.
Âge requis : moins de 25 ans au 1er janvier de l'année du concours.

Au programme

Les enseignements sont découpés en « semestres militaires » et « semestres académiques ». La scolarité comporte aussi un entraînement physique soutenu.

• La formation académique vise à développer une culture générale pluridisciplinaire : histoire militaire, histoire des relations internationales, société française contemporaine, droit public, communication... À cela s'ajoutent des enseignements complémentaires en sciences humaines et en droit pour les scientifiques, en économie, statistiques et finances pour les littéraires. Cette formation est complétée par des stages d'ouverture à la société civile et à l'international et par l'étude des langues et des outils de communication (informatique et internet).

• La formation proprement militaire recouvre tout aussi bien la formation à l'exercice de l'autorité, la stratégie et la tactique militaires, qu'un stage en corps de troupe, un stage commando ou encore un stage parachutiste...

Les élèves qui entrent après une classe préparatoire ou un bac + 3 effectuent 6 semestres de formation : 2 à dominante militaire et 4 à dominante académique dont un en stage à l'étranger.

Les élèves de niveau bac + 4 suivent 2 semestres à dominante militaire et 2 à dominante académique (dont le semestre à l'étranger).

Les élèves intégrant à bac + 5 ne reçoivent que la formation à dominante militaire en 2 semestres.

Et après

À leur sortie de l'école, les Saint-Cyriens sont nommés au grade de lieutenant. Ils reçoivent le diplôme de Saint-Cyr, le grade de master et le titre d'ingénieur (pour les scientifiques). Ils rejoignent pour un an l'école d'application qu'ils ont choisie selon leur classement final. Ils y reçoivent une formation professionnelle spécifique en vue de leur premier emploi (*voir plus loin*).

SOUS-OFFICIER

École nationale de sous-officiers d'active de Saint-Maixent (ENSOA)

Accès

Le recrutement externe s'adresse aux titulaires du baccalauréat, âgés de 18 à moins de 25 ans. Il s'effectue sur dossier, tests (2 tests psychotechniques + 1 test de connaissances générales) et visite médicale. S'adresser au CIRAT (Centre d'information de recrutement de l'armée de terre) le plus proche de son domicile *(voir le guide pratique en fin de numéro)*. Possibilité de recrutement interne pour les EVAT *(voir encadré plus loin)*.

Paroles

Depuis un an, Saint-Cyr a mis en place une admission sur titre pour des diplômés bac + 5. Parmi les 22 retenus : 1 HEC, 3 écoles supérieures de commerce, 3 ENSAM et 1 Sciences-Po Paris, 14 3es cycles (sciences, maths, psycho...) Explication du lieutenant-colonel Barnay :

« Il y a des spécialités que nous recherchons parce que nous ne pouvons pas nous-mêmes en assurer la formation. C'est le cas en particulier pour le droit, la psychosociologie ou les travaux publics. Mais nous ne rejetons aucun diplôme a priori : on ne s'interdit rien, hormis peut-être les filières "exotiques". Et nous sommes très contents des résultats de cette première sélection. »

Les officiers sous contrat

Certains jeunes de moins de trente ans intègrent le corps des officiers en signant un contrat. On les nomme officiers sous contrat (OSC). Pour eux, deux filières de recrutement existent : la filière « encadrement » et la filière « spécialiste ». Selon les cas, les contrats sont renouvelables jusqu'à 15 ou 20 ans de service.

- La filière « encadrement » conduit à des postes de commandement sur le terrain. Elle nécessite un bac + 2 validé, suivi d'une formation de 4 mois à l'ESM Saint-Cyr, complétée par une année en école d'application dans le domaine choisi lors du recrutement.

- La filière « spécialiste » nécessite un bac + 3 validé et permet d'exercer, à terme, dans sa spécialité d'origine (informatique, droit, communication...). Formation de 3 mois à l'ESM de Saint-Cyr.

Les portes de Saint-Maixent :
L'ENSOA forme actuellement environ 3 000 sous-officiers par an. 50 % d'entre eux proviennent de la « voie corps de troupe ». Pour la voie externe, l'ampleur de la sélection est variable. Ainsi, il y a environ 1 place pour 2 candidats et 1 place pour 3 ou 4 candidates.

Au programme

Pour les élèves issus du recrutement externe, l'enseignement, réparti sur huit mois, comprend cinq modules : formation au comportement militaire ; formation à la mission opérationnelle ; formation physique, militaire et sportive ; formation académique ; formation au management au sein d'une unité.

La scolarité comprend également un séjour en camp militaire, un stage en centre national d'entraînement commando et un stage en corps de troupe.

Et après

Les sous-officiers rejoignent une école d'application pour une durée de quatre mois à trois ans, en fonction des spécialités *(voir ci-dessous les écoles d'application).*

Les écoles d'application

- **École d'application de l'infanterie,** quartier Guillaut, avenue Lepic, 34057 Montpellier Cedex, tél. : 04 67 07 20 11.
- **École d'application de l'arme blindée cavalerie,** quartier Bessières, avenue Foch, 49409 Saumur, tél. : 02 41 83 65 04.
- **École d'application de l'artillerie,** quartier Bonaparte, BP 400, 83007 Draguignan Cedex, tél. : 04 98 10 82 29.
- **École d'application du train,** quartier Beaumont, rue du Plat d'étain, BP 3425, 37034 Tours Cedex 01, tél. : 02 47 77 33 01.
- **École supérieure et d'application du génie,** 106, rue Eblé, BP 4125, 49041 Angers Cedex 01, tél. : 02 41 24 82 00.
- **École supérieure et d'application des transmissions,** quartier Leschi, avenue de la Tourandais, 35510 Cesson-Sévigné, tél. : 02 99 84 32 05.
- **École supérieure et d'application du matériel,** avenue Carnot, BP 709, 18015 Bourges Cedex, tél. : 02 48 68 75 12.
- **École d'application de l'aviation légère de l'armée de terre,** BP 39, 83340 Le Luc-en-Provence, tél. : 04 98 11 72 99.

Devenir sapeur-pompier de Paris

La brigade des sapeurs-pompiers de Paris (BSPP), premier corps européen de pompiers, constitue une unité militaire de l'armée de terre. Au début de leur carrière, les recrues intègrent la brigade comme simples militaires du rang. Différents types de contrats de durées variables sont proposés comme sapeurs-pompiers ou comme spécialistes (métiers du bâtiment, de la maintenance auto, de l'hôtellerie, infirmiers, musiciens...).

Ce n'est que par la suite qu'ils peuvent accéder au corps des sous-officiers voire des officiers, en fonction de leur motivation et de leur mérite. Possibilité de recrutement interne d'officiers de l'armée de terre.

Conditions pour postuler : être de nationalité française, apte médicalement et physiquement, avoir entre 18 ans révolus et 25 ans, niveau CAP au minimum, selon le type de contrats.

Formation de quatre mois au Centre d'instruction des recrues de Villeneuve-Saint-Georges (94). Forte d'environ 7 500 personnes en 2002, la BSPP recrutera environ 1000 hommes et femmes par an.

• Renseignements au numéro vert : 0800 112 018 ou auprès des CIRAT. Internet : http://www.bspp.fr

La voie des EVAT

Les engagés volontaires de l'armée de terre (EVAT) rejoignent directement leur régiment d'affectation pour y recevoir une double formation à la fois militaire et technique.

Au cours de leur carrière, ils ont la possibilité d'intégrer l'ENSOA et de devenir ainsi sous-officier, sous certaines conditions (ancienneté, mérite, âge...).

Cette admission, appelée voie « corps de troupe », concerne les EVAT de moins de 27 ans au grade de caporal ou caporal-chef. Leur formation se déroule à Saint-Maixent sur une durée de trois mois.

La moitié environ des élèves sous-officiers est actuellement recrutée par cette voie.

☐ L'École interarmées des sports (EIS)

L'EIS, située à Fontainebleau, forme principalement les moniteurs d'entraînement physique et sportif des armées qu'elle recrute après leur passage dans les écoles de sous-officiers de chaque armée. Elle propose parallèlement d'autres formations (moniteur-chef, aide-moniteur, stages divers pour les officiers, préparation de brevets d'État...) qui concernent des personnels militaires déjà en activité.

Moniteur d'entraînement physique et sportif 1er degré

Accès

Baccalauréat exigé, mais beaucoup d'élèves ont un niveau bien supérieur. Chaque armée effectue une première sélection sur critères sportifs et forme ses sous-officiers dans sa propre école (maistrance, ENSOA...). On entre ensuite à l'EIS pour un an après une batterie de tests sportifs (vitesse, endurance, grimpée de corde, quintuple saut, natation...) puis un test de français (dissertation sur un sujet ayant trait au sport) ; 120 personnes formées par an.

Au programme

Les enseignements concernent la biologie (anatomie, physiologie, biomécanique), les sciences humaines appliquées au sport, les règlements des disciplines sportives, les règlements militaires, l'organisation des manifestations sportives, la sécurité des installations et des personnes, la pédagogie des sports individuels et collectifs, les sports de combat...

Les élèves préparent parallèlement le brevet d'État d'éducateur sportif des activités physiques pour tous (BEESAPT) et le brevet national de sécurité et de sauvetage aquatique (BNSSA).

Et après

Les moniteurs rejoignent leur affectation dans chaque armée. Ils peuvent par la suite devenir moniteurs-chefs après une dizaine d'années en fonction et une nouvelle formation à l'EIS de 4 mois en vue d'occuper les fonctions de chef de bureau des sports.

i

De sous-off à officier

Des écoles permettent d'évoluer, sous certaines conditions (âge limite, plusieurs années de service, admission sur concours) :

- **École militaire interarmes (EMIA) ;**
- **École militaire du corps technique et administratif (EMCTA) ;**
- **École des armes (OAEA) ou École de services (OAES).**

(Voir l'article Stratégies p. 78)

L'armée de l'air

Vous rêvez d'être pilote de chasse, il vous faudra intégrer la prestigieuse École de l'air. Mais pour un officier en vol, on compte 50 techniciens au sol ! Des sous-officiers qui de la mécanique hydraulique à la défense aérienne sont formés à des spécialités très diverses.

École de l'air : les annales du concours

Le concours d'entrée à l'École de l'air est sélectif (820 candidats, en moyenne, pour une promotion de moins de 80 élèves). Les épreuves nécessitent donc une préparation sérieuse. Pour avoir une idée des sujets proposés, les candidats auront tout intérêt à se plonger dans la lecture des annales du concours. Pour se les procurer, il suffit d'envoyer une demande écrite à l'adresse suivante : Direction du personnel militaire de l'armée de l'air, Sous-direction du recrutement, Bureau des examens et concours - Section officiers, route nationale 10, 37076 Tours Cedex 2.

OFFICIER

École de l'air

Les officiers de l'armée de l'air sont formés à l'École de l'air de Salon-de-Provence.

Accès

Deux concours sont organisés. Le premier concours porte sur le programme des classes préparatoires scientifiques MPSI (mathématiques, physique et sciences de l'ingénieur) et MP (mathématiques et physique). Le second concours porte sur le programme des classes préparatoires scientifiques PCSI (physique, chimie et sciences de l'ingénieur) et PC (physique-chimie) ou PSI (physique et sciences de l'ingénieur).

Les candidats doivent mentionner, dès leur inscription, le concours pour lequel ils optent.

Chaque année, 80 candidats, en moyenne, sont admis (en 2001, ils étaient 872 à s'être présentés aux épreuves).

Au programme

Les études durent trois ans et comportent quatre volets : une formation militaire et sportive ; une formation humaine et culturelle ; une formation scientifique ; la formation du spécialiste.

Étalée sur les trois années de présence à l'école, la formation militaire et sportive comprend : une instruction militaire de base, une formation au commandement (sous forme de stages), six heures de sport par semaine, l'initiation au pilotage d'avions légers et de planeurs.

Répartie, elle aussi, sur les trois années d'études, la formation humaine et culturelle comprend : des cours de communication (écrite et orale), de l'histoire et de la géographie, des langues (anglais obligatoire, autre langue facultative).

La formation scientifique n'est dispensée que durant les deux premières années passées à l'école. Elle prend la forme de cours,

Les officiers sous contrat

Ce statut permet de servir en tant qu'officier dans l'armée de l'air sous contrats successifs pendant une durée maximale de 20 ans.
Les candidats doivent être âgés de moins de 30 ans au moment de la signature du contrat et être titulaires d'un diplôme du second cycle de l'enseignement supérieur.

La sélection est opérée sur dossier, puis entretien.

Les candidats retenus effectuent le stage de formation de l'aspirant (3 semaines), puis celui de formation générale et militaire (8 semaines) au sein du Cours spécial de formation des officiers (CSFO) de Salon-de-Provence.

Ils rejoignent ensuite leur unité d'affectation et suivent, selon leur spécialité, un stage de formation professionnelle.

Ils accèdent au statut d'officier sous contrat lors de leur nomination au grade de sous-lieutenant, après 6 mois de grade d'aspirant.

complétés par des exercices, des travaux pratiques, des études de projets réalisées en petits groupes et des visites d'usines, d'entreprises aéronautiques ou spatiales.
En troisième année, l'élève officier suit une formation (dans une école civile ou militaire) qui le prépare à exercer une spécialité : pilote, mécanicien ou officier du corps des bases.
Le diplôme d'ingénieur de l'École de l'air est décerné à l'issue du stage d'application de troisième année. Ce diplôme est reconnu par la CTI (commission des titres d'ingénieur).

Et après

Les officiers sont répartis en trois corps : les officiers de l'air (pilotes et navigateurs-officiers système d'armes), les officiers mécaniciens et les officiers des bases (postes au sein des unités de contrôle aérien, protection et défense des installations, infrastructure, renseignement et informatique).

☐ Les écoles de spécialisation pour les officiers de l'air

À Cognac : le pilotage de base
À Tours : les pilotes de chasse
À Avord : les pilotes de transport
À Cazaux : les pilotes de transition opérationnelle
À Dax : les pilotes d'hélicoptère
À Toulouse : les navigateurs-officiers systèmes d'armes (NOSA)

SOUS-OFFICIER

☐ École de formation des sous-officiers de l'armée de l'air (Rochefort)

Accès

Les candidats doivent être bacheliers et avoir entre 17 et 23 ans au moment du dépôt de leur dossier.

Les commissaires de l'air

Officiers administrateurs, les commissaires sont recrutés par un concours externe commun aux trois armées qui a lieu chaque année aux mois de juin et juillet. En fonction de leur classement, les candidats admis font connaître leur préférence pour telle ou telle armée. Une partie d'entre eux intègrent l'École du commissariat de l'air à Salon-de-Provence pour y recevoir une formation à la fois militaire et professionnelle. La scolarité démarre au mois de septembre de l'année du concours et dure deux ans.

(voir aussi le chapitre « Gestion »).

Au programme

Une formation militaire de 14 semaines est dispensée sur la base aérienne de Rochefort. Elle comprend une instruction militaire (règles militaires, protection, sécurité...), une formation du combattant (tir, armement, combat...) et une instruction civique. Les activités physiques et sportives y tiennent une place importante. La formation se termine par l'obtention du certificat d'aptitude militaire (CAM).

La formation professionnelle est dispensée au cours d'un stage dans une (ou plusieurs) unité(s) d'instruction, à Rochefort ou ailleurs. La durée du stage varie d'une spécialité à l'autre, mais s'achève immanquablement par l'obtention du certificat élémentaire (CE).

Les spécialités préparées par les sous-officiers de l'armée de l'air

À Rochefort :

Mécanicien cellule hydraulique : 32 semaines
Mécanicien des systèmes de propulsion : 24 semaines
Mécanicien sur la structure des aéronefs : 25 semaines
Mécanicien avionique : 41 semaines
Mécanicien équipements de bord électroniques : 33 semaines
Mécanicien systèmes de détection : 36 semaines
Mécanicien de télécommunication : 34 semaines
Mécanicien armement opérationnel : 18 semaines
Photographe communication : 25 semaines
Électrotechnicien opérationnel : 25 semaines
Mécanicien en mécanique générale : 25 semaines
Gestionnaire du matériel technique : 14 semaines
Exploitant systèmes d'information et de communication : 21 semaines
Personnel chargé de l'entretien des installations : 26 semaines
Agent de restauration et d'hôtellerie : 20 semaines

À Bourges :

Mécanicien véhicules et matériels environnement : 20 semaines

À Cazaux : Pompier : 20 semaines

À Toulon : Infirmier : 156 semaines

À Fontainebleau :

Moniteur éducation physique et sportive : 32 semaines

À Rennes : Informaticien : 26 semaines

À Querqueville :

Secrétaire ou gestionnaire administratif : 4 semaines

À Toulouse : Météorologue : 25 semaines

À Mont-de-Marsan : Opérateur de défense au sol air : 16 semaines

À Avord et Cognac : Moniteur de simulateur de vol : 31 semaines

À Avord et Metz : Intercepteur graphie : 51 semaines

À Avord, Rochefort et Metz : Intercepteur technique : 42 semaines

À Avord et Creil : Interprétateur images : 16 semaines

À Avord, Mont-de-Marsan et Metz :

Exploitant renseignement : 26 semaines

Les volontaires

L'armée de l'air recrute des « volontaires du service national » et des « volontaires aspirants » (à l'heure actuelle, on en compte 2 000). Conditions à remplir : avoir entre 18 et 26 ans lors du dépôt de la première demande, être reconnu apte médicalement, avoir satisfait aux obligations de l'appel de préparation à la défense (APD) et, enfin, détenir les qualifications requises pour l'emploi visé. Les volontaires aspirants doivent, en outre, être titulaires d'un diplôme équivalent à bac + 2 minimum.

Les volontaires reçoivent une formation militaire de 2 semaines (3 pour les aspirants) sur la base aérienne de Saintes. Ils sont ensuite affectés dans leur région d'origine, en fonction des postes ouverts. Le contrat est signé pour un an et peut, éventuellement, être renouvelé jusqu'à quatre fois.

À Avord, Strasbourg et Metz :
Intercepteur traducteur langue slave : 77 semaines
Intercepteur traducteur langue arabe : 99 semaines
À Avord et Mont-de-Marsan :
Contrôleur de la défense aérienne : 39 semaines
Contrôleur de la circulation aérienne : 29 semaines
Opérateur de surveillance aérienne : 21 semaines
À Dijon, Cazaux et Pau :
Fusilier commando : 14 semaines
Maître-chien : 26 semaines

MILITAIRE TECHNICIEN DE L'AIR

Le centre de formation des militaires techniciens de l'air (Saintes)

Accès

Les candidats doivent en principe être titulaires d'un CAP, d'un BEP ou d'un bac pro. Pour les spécialités ne nécessitant pas de qualification spécifique, un niveau scolaire de troisième peut suffire. Conditions d'âge : avoir entre 17 et 23 ans au moment du dépôt du dossier de candidature. Il faut enfin avoir réussi les tests d'évaluation d'aptitude physique.

Au programme

Une formation militaire de base d'une durée de six semaines. La fin de cette période d'instruction est sanctionnée par l'attribution du certificat militaire élémentaire (CME). Les MTA reçoivent ensuite une formation professionnelle qui, selon la spécialité choisie, est dispensée soit directement au sein de l'unité, soit au cours d'un stage en école de spécialité (2 à 5 semaines), puis en complément au sein de leur unité.

Et après

Les six premiers mois d'affectation sont assortis d'une période de parrainage à l'issue de laquelle le MTA se voit décerner le certificat d'aptitude à l'emploi de technicien (CAET) par le commandant de la base aérienne.

i

L'école d'enseignement technique de l'armée de l'air (Saintes)
Cet établissement forme les MTA (militaires techniciens de l'air) destinés à se spécialiser dans les domaines de la mécanique et de l'électronique.

La Marine nationale

«35 métiers, une aventure» dit le slogan de la Marine. Pour y accéder, le parcours de formation varie en fonction de la filière de recrutement. Les futurs militaires de carrière passeront d'abord par la «Navale» ou «Maistrance» tandis que les autres marins apprendront leur métier directement dans une école de spécialité. Embarquement.

Il existe un service d'information sur les carrières de la Marine dédié à l'École navale : SICM « Section École navale », 15, rue de Laborde, BP 25, 00325 Armées. Tél. pour la 1re année : 01 53 42 87 37 ; Tél. pour les autres années : 01 53 42 87 31.

OFFICIER

École navale

Implantée à Lanvéoc, près de Brest, cette école militaire forme les futurs officiers de carrière de la Marine. Elle délivre un diplôme d'ingénieur. La scolarité dure quatre ans : trois années de formation militaire, scientifique et maritime, puis une année de stages pratiques, à bord de bâtiments de la Marine (7 mois) et en écoles de spécialisation.

Accès

Le recrutement en 1re année se fait sur concours, après les classes préparatoires scientifiques. Les candidats doivent être âgés de moins de 22 ans au 1er janvier de l'année du concours. Les épreuves d'admissibilité sont celles des concours communs polytechniques auxquels s'ajoute une épreuve de français (synthèse). Quant à l'admission, elle comporte un oral et des épreuves sportives.

Autres voies d'accès, les admissions sur titres : entrée directe en 2e année pour les titulaires d'un bac + 4 (être âgé de moins de 24 ans) ou en 3e année pour les candidats âgés de 22 à 28 ans ayant un diplôme de niveau bac + 5. Deux étapes : une phase d'admissibilité prononcée après sélection sur dossier et entretiens, l'admission, sous forme de concours, comportant des épreuves de français, d'anglais, de sport et un entretien devant un jury.

Au programme

Trois domaines de formation : les sciences de l'homme et de la société, les métiers de l'ingénieur et les métiers du marin.

Devenir officier de l'aéronautique navale

La Marine offre deux possibilités pour devenir pilote de l'aéronautique navale : réussir le concours des élèves officiers pilotes de l'aéronautique navale pour être recruté en tant qu'officier sous contrat (OSC), intégrer l'École navale (*voir fiche diplôme ci-dessus*) pour devenir officier de carrière.
Ces deux filières offrent une initiation au pilotage pour ceux qui ont choisi cette spécialité. Les futurs pilotes rejoignent ensuite l'École de l'air (*voir fiche diplôme en page 84*) ou l'École d'application de l'aviation légère (hélicoptère) de l'armée de terre pour aborder la spécialisation, en fonction du type d'appareil piloté...

Le premier comprend quatre modules : la connaissance du monde (géopolitique, civilisations...), la connaissance de la société (droit, histoire maritime...), un module sur l'officier (management et commandement, éthique, sport...) et un dernier module concernant l'organisation et le fonctionnement de la Marine.
Les métiers de l'ingénieur regroupent quatre phases que les élèves suivent successivement :
• un tronc commun (techniques de l'ingénieur, informatique, architecture navale, mesures et capteurs, architecture des systèmes informatiques...) ;
• deux options à choisir sur quatre (mécanique, informatique, ondes et signaux, énergétique), des travaux pratiques et un projet ;
• une voie d'approfondissement à choisir parmi les deux qui sont accessibles à partir des options suivies ;
• un projet de fin d'études d'une durée de 8 semaines dans un établissement industriel ou dans un établissement de recherche, hors de la Marine.
Dans le domaine des métiers du marin, les élèves choisissent l'une des deux options proposées : « opérations et navire » et « énergie nucléaire et aéronautique ». Ils reçoivent une formation dans les domaines suivants : théorie et pratique de la navigation et de la manœuvre, bases sur les opérations maritimes, mise en œuvre du navire (fonctionnement de l'appareil propulsif, sécurité, logistique...).

Et après

L'officier exerce son métier à la sortie de l'école dans les forces opérationnelles. L'affectation dépend de sa spécialité : bâtiment de surface, sous-marin, base aéronavale. Certains poursuivent une formation de pilote, de plongeur-démineur ou de commando.

Les chiffres de la sélection à la Navale

Chaque année, 75 places environ sont offertes lors du concours de la 1re année. En 2002, 1 400 candidats ont passé les épreuves d'admissibilité, 500 les épreuves d'admission... Pour les admissions en 2e et 3e années, les effectifs du recrutement ne sont pas figés et le nombre des candidats est variable. Toujours en 2002, 15 personnes ont été recrutées pour entrer en 2e année et 5 autres au titre de l'admission en 3e année.

OFFICIER MARINIER

École de maistrance

Située à Brest, cette école militaire forme les futurs officiers mariniers de carrière de la Marine. Les effectifs sont d'environ 400 par

guide pratique | études | métiers | emploi

promotion (2 par an). La durée des cours est de 15 semaines. À la fin de cette session, le « maistrancier » rallie l'école de la spécialité qu'il aura choisie lors du recrutement.

Accès

Sur tests et dossiers. Il faut être âgé de 18 à moins de 25 ans, avoir suivi au moins une classe de terminale. Une aptitude physique minimale est également exigée : celle-ci est vérifiée lors d'épreuves sportives (natation et course à pied). Deux recrutements ont lieu annuellement (janvier et septembre) : les dates limites de dépôt de candidature sont fixées au 15 avril pour la session de septembre et au 15 septembre pour celle de janvier.

Au programme

L'École de maistrance dispense à ses élèves trois types de formations :

• un enseignement général : les sciences humaines (français, anglais, connaissance des institutions française et européenne, géographie maritime) et des conférences d'intérêt général sur le monde maritime ;

• une formation militaire : les règlements militaires, des cours sur la Défense nationale et la Marine, le secourisme et la sécurité à bord des bâtiments, les connaissances des armes, les notions d'encadrement et d'administration... ;

• une formation maritime : veille nautique et règles de route, manœuvre d'embarcation, transmissions, navigation côtière, pratique de la navigation, manœuvre sur un bâtiment de la Marine...

Une préparation physique intensive ainsi que des cours sur l'environnement professionnel (culture sociale de la Marine, règles d'administration, sensibilisation à la démarche qualité...) sont également prévus.

Les engagés et les volontaires

L'École navale et l'École de maistrance ne sont pas les seules voies possibles pour entrer dans la Marine. Cette dernière recrute aussi des jeunes par contrat, d'une durée variable (*voir en page 26, Débuter*). Si l'évolution de la carrière est différente, la formation poursuit le même objectif : à métier égal, l'engagé ou le volontaire sera aussi compétent que l'officier ou officier marinier de carrière ! La preuve, c'est qu'après une courte préparation militaire, il intègre souvent, à spécialité égale, la même école que les militaires de carrière. Seules la durée des formations et leur organisation peuvent varier...

Exemples : le jeune ayant signé un engagement initial de longue durée (EILD) dans la spécialité « détecteur » intègre, comme les « maistranciers », l'École de spécialité de Saint-Mandrier (CNI). Et obtiendra les mêmes qualifications...

L'officier sous contrat long (OSC) dans la spécialité « conduite des opérations » intègre, après recrutement, l'École navale. Mais son parcours et son temps de formation diffèrent de celui de l'officier de carrière. Et chaque spécialité a également son propre cursus. Comme celle de la « conduite des opérations » : une formation initiale de 7 mois à l'École navale ; un embarquement de 2 mois à bord d'un bâtiment ; une formation en école de spécialité de 9 semaines.

Devenir marin-pompier

Intégrés au sein de la Marine nationale, les marins-pompiers ont aussi leur école de spécialité, au Bataillon des marins-pompiers de Marseille. Cette école forme, en 20 semaines, le « gros des troupes », à savoir les engagés volontaires... Au programme : une formation militaire et maritime ; une formation professionnelle : matériel incendie, engins d'incendie, règlement de manœuvres, secourisme, hydraulique... Ce cursus est validé par l'obtention du certificat d'aptitude technique. Ensuite, les jeunes marins-pompiers sont affectés dans une compagnie des ports de Marseille, ou encore de Brest, Cherbourg, Toulon ainsi que dans les bases d'aéronautique navale.

• Bataillon des marins-pompiers de Marseille - 9, bd de Strasbourg - BP 207 13303 Marseille Cedex 03 Tél. 04 91 55 90 47/42

Et après

Le « maistrancier » rejoint l'école de spécialité (*voir la liste plus loin*), pour apprendre son métier. À l'issue de cette formation, d'une durée variable, il obtient le brevet supérieur et est affecté, en tant qu'officier marinier, sur un bâtiment ou une unité de la Marine.

☐ Les écoles de spécialité

Centre d'instruction naval de Brest, 29240 Brest Naval, tél. : 02 98 22 90 76 (spécialités enseignées : manœuvrier, navigateur-timonier, guetteur de la flotte).

Centre d'instruction naval de Querqueville, BP 30, 50115 Cherbourg Naval, tél. : 02 33 92 95 00 (spécialités enseignées : assistant de foyer, commis aux vivres, cuisinier, fourrier, maître d'hôtel et secrétaire militaire).

Centre d'instruction naval de Saint Mandrier, 83800 Toulon Naval, tél. : 04 94 11 45 85 (spécialités enseignées : détecteur, électrotechnicien de sécurité, électromécanicien d'armes, électrotechnicien, mécanicien d'armes, mécanicien naval et spécialiste des systèmes d'information et de télécommunications).

Centre d'interprétation et de reconnaissance acoustique, 83800 Toulon Naval, tél. : 04 94 02 04 60 (formation du détecteur anti-sous-marin).

École de manœuvre et de navigation, Lanvéoc-Poulmic, 29240 Brest Naval, tél. : 02 98 23 30 00.

École de navigation sous-marine et des bâtiments à propulsion nucléaire, 83800 Toulon Naval, tél. : 04 94 02 04 84

École de plongée, 83800 Toulon Naval, tél. : 04 94 11 49 00

École des applications militaires de l'énergie atomique, BP 19, 50115 Cherbourg Naval, tél. : 02 33 92 60 14

École des fusiliers marins, 59998 Lorient Naval, tél. : 02 97 12 12 12

École des hydrographes, 13, rue du Chatelier, BP 30316, 29603 Brest Cedex, tél. : 02 98 22 11 61

École des marins météorologistes-océanographes, 42, avenue G. Coriolis, BP 6, 31057 Toulouse Armées, tél. : 05 61 43 35 01

École des marins-pompiers de Marseille, 9, boulevard de Strasbourg, 13308 Marseille Cedex 3, tél. : 04 91 55 91 70

i

Une filière qui a le vent en poupe

La Marine propose à des jeunes de suivre pendant une année une formation complémentaire au BEP en lycée professionnel dans les options « mécanique » et « électrotechnique ». Après les élèves peuvent obtenir un engagement initial de 10 ans, renouvelable, ou bien, après 18 mois passés au sein de leur affectation passer un bac professionnel. La palette des métiers est importante. Pour « électrotechnique » : détecteur, détecteur anti-sous-marin, électrotechnicien d'armes, électromécanicien de sécurité, électrotechnicien d'aéronautique ou électrotechnicien. Pour « mécanique » : mécanicien naval, mécanicien d'armes, mécanicien d'aéronautique et électromécanicien de sécurité.

La gendarmerie

Pour devenir officier de gendarmerie, il faut réussir un concours difficile afin d'intégrer une grande école militaire. Pour les sous-officiers, pas de concours. Mais, du dossier aux épreuves en passant par le stage pratique, la route est longue avant la titularisation !

Pas facile d'entrer à L'EOGN...

L'année dernière, 497 candidats se sont présentés au premier concours (35 places) et 70 postulants se sont « disputé » les 5 places offertes par le concours sur titres...

OFFICIER

École des officiers de la gendarmerie nationale (EOGN)

L'officier de gendarmerie est recruté sur concours. La formation, d'une durée de deux ans, se déroule à l'École des officiers de la gendarmerie nationale (EOGN), à Melun (77). Les périodes d'enseignement alternent avec des stages dans des unités de la gendarmerie.

Accès

Deux concours externes sont proposés : le premier est ouvert aux candidats de moins de 26 ans, ayant au moins un diplôme de fin de deuxième cycle (bac + 4). 35 places sont offertes par an. Épreuves d'admissibilité : culture générale, droit constitutionnel, synthèse de dossier et une épreuve à option. Épreuves d'admission : entretien de motivation, oral sur l'organisation générale de la Défense, langue étrangère, épreuves sportives.

Le second concours, sur titres, offre 5 places par an. Il est ouvert aux candidats de moins de 28 ans, titulaires d'un titre d'ingénieur ou d'un diplôme de troisième cycle (au moins bac + 5), dans une matière scientifique ou technique. Le concours ne comprend qu'une seule épreuve : un entretien avec un jury.

Les volontaires de la gendarmerie

Les volontaires sont composés de deux corps :

- les gendarmes adjoints, recrutés pour seconder les sous-officiers, notamment dans les activités de police judiciaire. Aucun diplôme n'est exigé, mais il faut satisfaire à des épreuves de sélection (test psychotechnique, QCM, entretien avec un officier), sans oublier la traditionnelle visite médicale de sélection... Après leur contrat, ils pourront devenir, sous certaines conditions, gendarmes de carrière... ;
- les aspirants issus du volontariat. Pour accéder à ce corps intermédiaire entre les officiers et les sous-officiers, il faut être titulaire d'un diplôme de fin de premier cycle universitaire (bac + 2) et, comme les gendarmes adjoints, satisfaire au même type d'épreuves de sélection. Ils pourront ensuite présenter leur candidature pour devenir gendarmes de carrière ou officiers...

Au programme

La scolarité est organisée en quatre semestres et comprend deux modules. Le premier module, commun à tous les élèves, comprend trois axes :

• un enseignement professionnel : formation militaire tactique, techniques d'intervention, maintien de l'ordre, police judiciaire et administrative, renseignement, gestion des ressources humaines... ;

• une formation humaine : éthique et déontologie, communication, management et correspondance militaire ;

• une formation générale : histoires et traditions de la gendarmerie, organisation administrative, ouverture sur la société.

Pour le deuxième module (dernier semestre), les élèves doivent choisir entre quatre filières de formation : maintien de l'ordre, sécurité publique, police judiciaire, sécurité routière. Ce choix est important puisqu'il déterminera les responsabilités du futur officier dans un type d'emploi précis.

SOUS-OFFICIER

Les écoles de gendarmerie

Le recrutement des gendarmes est ouvert à tout moment. Il faut retirer un dossier à la brigade de gendarmerie la plus proche de votre domicile (ou au Centre d'information et de recrutement)

Accès

Étude de votre dossier et, si vous êtes sélectionné, épreuves d'admission, en deux jours. Au menu : une dictée (niveau 3e), une rédaction sur un thème d'ordre général (45 minutes), une épreuve de mathématiques (même niveau que la dictée), une épreuve de culture générale sous la forme d'un QCM, des tests écrits de personnalité, un entretien avec un officier, des épreuves physiques et des tests écrits psychotechniques.

Au programme

En cas de réussite aux épreuves d'admission et après deux visites médicales où l'on vérifie vos aptitudes physiques, la gendarmerie vous envoie alors dans une de ses écoles pour vous former. Il y en a six, en des lieux différents : Châteaulin, Châtellerault, Chaumont, Le Mans, Libourne et Montluçon. La formation, d'une durée de 12 mois, aborde le programme suivant : police judiciaire et administrative, tir et armement, tactique, topographie, télécommunications, déontologie, relations humaines et accueil du public, bureautique et sports. Précision, non futile : la formation est rémunérée...

Et après

Vous êtes affecté en unité en tant que gendarme sous contrat pendant deux ans, non sans avoir préalablement prêté serment... À l'issue de cette période qui s'assimile à un stage pratique, vous obtenez, si tout se passe bien, le certificat d'aptitude technique, qui équivaut au baccalauréat. Et vous êtes titularisé en tant que gendarme de carrière...

Bac ou pas bac ?

Officiellement, il n'y a pas de diplômes requis pour devenir gendarme (sous-officier). Dans le dossier de présélection, on vous demande pourtant de joindre les copies de vos diplômes : ne les oubliez pas, car ce sont des éléments constitutifs du dossier qui seront examinés par les recruteurs... Et c'est d'autant plus vrai que la plupart des candidats sélectionnés ont le bac !

Les spécialistes de la gendarmerie :

Ce sont les officiers ou sous-officiers des corps de soutien technique et administratif (CSTAGN). Pour les sous-officiers, huit spécialités dont l'armurerie et les affaires immobilières (*voir fiches-métier en pages 50 et 64*) mais aussi l'administration, la restauration... Après recrutement (sur diplôme lié à la spécialité et réussite aux épreuves de sélection), ils intègrent l'École de Rochefort. Quant aux officiers, les candidats doivent réussir le concours d'entrée à l'École des officiers de la gendarmerie. Après, ils pourront choisir entre la logistique (gestion économique et financière, marché-achats...) et les ressources humaines.

La gestion

Le commissaire des armées et l'officier du corps technique et administratif exercent des fonctions administratives d'encadrement et de direction. Leur recrutement s'effectue sur concours commun à plusieurs armées.

Pour les écoles du commissariat de la Marine, de terre et de l'air, le concours annuel d'entrée est commun.
Voir Accès dans EMSAM.

LES ÉCOLES DU COMMISSARIAT

École militaire supérieure d'administration et de management de l'armée de terre (EMSAM)

Accès

Le concours annuel d'entrée est commun aux écoles du commissariat des trois armées (air, Marine, terre). Pour postuler à l'une des 35 places environ offertes, il faut être âgé de 25 ans au plus au 1er janvier de l'année du concours, posséder l'aptitude physique requise, et être titulaire d'une licence, d'une maîtrise ou d'un diplôme d'institut d'études politiques (IEP). À noter que les études de droit ou de sciences politiques sont particulièrement utiles, un bon niveau écrit et oral de langue nécessaire, et qu'il existe des formations préparant au concours dans les IEP et les instituts de préparation à l'administration générale (Ipag). Le concours se déroule en deux parties et comporte des épreuves à options, à choisir entre droit public, droit privé, sciences économiques et, sûrement, à compter de 2003, comptabilité et gestion des entreprises. Les admis, selon leur classement et leur choix, suivent ensuite une formation rémunérée de deux ans dans une des écoles du commissariat.

Au programme

La scolarité débute par quatre mois de formation militaire à l'École spéciale militaire de Saint-Cyr Coëtquidan et dans différents centres d'entraînement spécialisés (Barcelonnette, Mont-Louis, Pau). Suivent 18 mois de formation académique à l'EMSAM de Montpellier, qui touche différents domaines : la gestion des ressources financières, l'administration du personnel, la logistique des approvisionnements, le contrôle de gestion, l'administration générale, le conseil juridique et les techniques managériales. Un voyage d'études à l'étranger clôt la scolarité. Au cours de cette période, les élèves suivent également un DESS de contrôle de gestion à l'Institut d'administration des entreprises de Montpellier.

Et après

Le commissaire est affecté pendant deux ans comme adjoint d'un directeur des services administratifs et financiers (DSAF) d'un régiment, puis, durant trois ans, dans un organisme du commissariat, avant d'exercer les fonctions de DSAF au sein d'un régiment en tant que commissaire capitaine pendant trois ans. Il suit ensuite durant un an, une formation au Centre d'enseignement supérieur du commissariat de l'armée de terre (CESCAT) de l'École militaire de Paris, pour se spécialiser dans un domaine (ressources humaines, gestion, droit international...) et occuper, à terme, des postes à haute responsabilité dans les états-majors nationaux et internationaux et en administration centrale.

École du commissariat de la marine

Elle fait partie du Groupe des écoles du commissariat de la marine (GECM) de Toulon, avec l'École d'administration de la marine *(voir encadré page 97)*.

Accès

Concours commun *(voir EMSAM plus haut)*.

Au programme

La scolarité, qui dure deux ans, a pour but de préparer l'élève à ses futures fonctions d'officier (pratique du sport, du tir, maîtrise des règles d'infanterie, formation aux techniques de communication et de management), de marin (obtention du permis mer) et d'administrateur (formation aux techniques financières et comptables, à la logistique, aux ressources humaines, au droit). La seconde année est consacrée, pendant six mois, à la campagne d'application commune avec les élèves de l'École navale, sur le porte-hélicoptères *Jeanne d'Arc* et sur la frégate anti-sous-marine *Georges Leygues*.

Et après

Après trois ou quatre années sur un bâtiment de la Marine, le commissaire choisit une spécialisation et il est affecté à terre, en métropole ou en outre-mer, dans une base opérationnelle, au sein d'un état-major, auprès des préfets maritimes ou dans le Service du commissariat de la marine.

École du commissariat de l'air

Elle fait partie de l'École de l'air de Salon-de-Provence, où sont formés tous les officiers.

Accès

Concours commun *(voir EMSAM plus haut)*.

Au programme

L'objectif de la scolarité est double : former des administrateurs de haut niveau et des officiers. Les deux premiers mois, sous le régime de l'internat, sont consacrés à l'instruction militaire de base. Elle se poursuit par une formation de combattant, à Ancelle dans les Hautes-

Il existe un concours sur titres d'entrée à l'École du commissariat de la marine, ouvert aux anciens élèves de l'École polytechnique et de l'École centrale des arts et manufactures. Un concours interne est également ouvert aux officiers de carrière, aux ingénieurs d'études et techniques d'armement, aux officiers mariniers et aux secrétaires administratifs du ministère de la Défense.

L'École du commissariat de l'air accueille chaque année un ou deux stagiaires étrangers ayant réussi un examen d'entrée. Les élèves diplômés de l'École polytechnique, de l'École nationale supérieure de l'aéronautique et de l'espace et de l'École centrale des arts et manufactures peuvent être admis sur titres. Une à deux places sont également réservées aux officiers et sous-officiers désirant intégrer l'école par concours interne.

Alpes, qui se termine par un stage de parachutisme et l'obtention du brevet militaire d'initiation. L'enseignement professionnel recouvre ensuite trois domaines : la réglementation administrative (langue anglaise approfondie), les techniques quantitatives et juridiques (comptabilité commerciale, contrôle de gestion, audit et droit aérien, des conflits, pénal...), la communication (qui vise à développer l'aptitude au commandement). Les élèves suivent également un DEA d'histoire militaire, sécuritaire et défense, et doivent effectuer en fin de deuxième année un stage de préspécialisation.

Et après

La plupart du temps, le commissaire débute comme commandant d'unité sur une base aérienne pendant deux ans, puis suit une formation spécialisée de 3e cycle en université. Il est alors affecté dans son domaine d'expertise, puis retourne sur une base aérienne comme chef du soutien personnel.

LES ÉCOLES DU CORPS TECHNIQUE ET ADMINISTRATIF

École militaire du corps technique et administratif (EMCTA)

Cet établissement, qui appartient au groupe des écoles de Coëtquidan, forme les officiers du corps technique et administratif (OCTA) de l'armée de terre et des services interarmées de la santé et des essences.

Accès

L'EMCTA recrute sur concours les titulaires d'un diplôme de fin d'études de premier cycle de l'enseignement supérieur (DEUG, BTS, DUT...) ou d'un titre reconnu équivalent. Mais les candidats ont souvent un niveau supérieur. Il faut être âgé de moins de 30 ans au 1er janvier de l'année du concours et satisfaire aux conditions physiques requises. Il s'agit d'un concours unique, sur épreuves. Les candidats doivent impérativement faire une déclaration d'option pour préciser leur choix par ordre de priorité parmi les corps techniques et administratifs des armées ou services. Possibilité de recrutement interne.

Au programme

La formation dure un an avant de rejoindre une des écoles d'application. Elle comprend trois volets :

Le 1er se compose d'une partie militaire (connaissance des armes et du tir, des moyens de transmission, de la topographie, tactique militaire...) et d'une partie consacrée à l'entraînement physique sportif et militaire (parcours du combattant, stage parachutiste, stage commando...) ;

Le 2e volet est consacré à la formation académique : économie, techniques de comptabilité financière, droit administratif, droit de l'institution, droit des conflits armés, histoire militaire, relations internationales, anglais, bureautique, mathématiques, statistiques... ;

Les officiers du corps technique et administratif

Le concours annuel des officiers du corps technique et administratif (OCTA) est commun à tous les services et armées : Marine, armée de terre, Service des essences (SEA), Délégation générale pour l'armement (DGA), gendarmerie et Service de santé, excepté l'armée de l'air. Il est ouvert aux titulaires d'un DEUG ou d'un DUT, âgés de moins de 30 ans au 1er janvier de l'année du concours. En pratique, le niveau des candidats est celui d'une licence ou d'une maîtrise. Le nombre d'admis est fixé chaque année en fonction des besoins de chaque armée ou service. Ainsi, la Marine nationale n'a pas ouvert de concours depuis plusieurs années. Les épreuves écrites d'admissibilité portent sur la culture générale, une langue vivante et une option (droit, mathématiques ou sciences économiques), les épreuves orales d'admission comportent une épreuve de culture générale et des épreuves sportives. Les études durent deux ans (trois ans pour la DGA). Suivant leur classement et leur choix, les candidats admis sont répartis dans les différents services et armées. Contrairement aux candidats admis à l'armée de terre, au SEA et au SSA *(voir le paragraphe sur l'EMCTA)*, les admis dans la Marine, à la DGA et dans la gendarmerie se rendent dans leur école d'application dès la première année : l'École d'administration de la marine, l'École des officiers de la gendarmerie de Melun et l'École supérieure d'administration de l'armement d'Arcueil pour la DGA. Pour l'armement, la première année est consacrée à une formation générale, la deuxième à une formation supérieure de gestion dispensée à l'École supérieure de commerce de Paris (ESCP-EAP). La troisième année apporte une spécialisation à la gestion des organismes de la DGA.

Le dernier volet concerne la formation au comportement militaire et l'apprentissage du commandement.

Et après

Les élèves officiers effectuent une année de spécialisation en école d'application :

- École militaire supérieure d'administration et de management (EMSAM) de Montpellier pour l'armée de terre ;
- École d'application du service de santé des armées (EASSA) du Val-de-Grâce, pour le Service de santé ;
- Base pétrolière interarmées (BPIA) de Chalon-sur-Saône, pour le Service des essences.

Entrer à l'EMCTA

L'EMCTA a recruté 35 élèves pour l'année 2002-2003 dont 15 pour le Service de santé des armées, 14 pour l'armée de terre et 6 pour le Service des essences des armées. Plus de 200 candidats se sont présentés au concours.

***Source :* EMCTA.**

guide pratique | études | métiers | emploi

L'armement

La Délégation générale pour l'armement (DGA), qui a pour mission d'assurer l'équipement des forces armées, regroupe des personnels civils et militaires (près de 20000 personnes), parmi lesquels des ingénieurs et cadres, des techniciens et des ouvriers. Si les modes de recrutement sont multiples, les écoles de l'armement constituent le meilleur moyen d'intégrer la DGA.

Pour en savoir plus sur Centrale, les Mines, les Ponts..., consulter les publications de l'Onisep : dans la collection Dossiers, *le Guide des écoles d'ingénieurs.*

INGÉNIEURS DE L'ARMEMENT (IA)

École polytechnique

Son 2e cycle débouche sur le diplôme d'ingénieur de l'École polytechnique. L'école est située à Palaiseau.

Accès

Le concours annuel d'entrée à X comprend deux voies, l'une pour les étudiants issus des classes prépas aux grandes écoles, l'autre pour ceux issus des universités françaises et étrangères. Pour les candidats français, ces deux voies sont ouvertes aux étudiants, âgés de 17 ans accomplis au 1er septembre de l'année du concours et de moins de 22 ans au 1er janvier, et qui remplissent les conditions d'aptitude physique. Pour la seconde voie, ils doivent être titulaires d'un Deug sciences et technologies, mention mathématiques, informatique et applications aux sciences (Mias) ou mention sciences de la matière (SM), obtenu avec la mention bien ou très bien, et être inscrits dans une université en vue d'obtenir une licence, ou en 1re année de magistère du secteur sciences et technologies en mathématiques, informatique, mécanique ou sciences de la matière.

La première voie du concours comporte cinq filières et donc cinq lots d'épreuves différentes : mathématiques et physique (MP), physique et chimie (PC), physique et sciences de l'ingénieur (PSI), physique et technologie (PT) et technologie et sciences industrielles (TSI).

Au programme

La scolarité dure 4 ans. L'objectif de la formation est triple : dispenser une formation scientifique multidisciplinaire, la compléter par une formation humaine concrète et une forte ouverture sur

le monde extérieur, enfin déboucher sur une solide compétence professionnelle, ancrée sur un excellent acquis scientifique, sur une double compétence obtenue en partie à l'extérieur de l'école, et sur un ensemble de stages répartis sur l'ensemble de la scolarité, permettant une entrée directe dans la vie professionnelle.
Plus concrètement, la scolarité est découpée en deux phases de deux ans chacune. Les huit premiers mois sont consacrés à une formation humaine initiale, effectuée dans les armées ou au sein d'organismes civils. Elle inclut des formations à la communication, à l'animation d'équipe et une formation sportive. Elle se poursuit par un stage de terrain d'environ cinq mois où les élèves sont répartis, pour trois quarts, dans des affectations militaires et, pour un quart, dans des organismes civils de terrain.
La formation scientifique qui suit est tout d'abord fortement multidisciplinaire, puis plus spécialisée. Cette première phase se termine par un stage de connaissance de l'entreprise et inclut un projet scientifique collectif. La seconde phase de formation correspond à un cycle d'approfondissement et de spécialisation, effectué en partie à l'extérieur de l'École.

École nationale supérieure de l'aéronautique (Supaéro)

Accès

Le cycle ingénieur de l'école de Toulouse est accessible par concours externe aux étudiants sortant des classes préparatoires scientifiques (math sup, math spé) ; le concours portant sur les programmes MP, PSI, PC, PT et TSI *(voir dans Accès Polytechnique)*. Les étudiants titulaires d'un diplôme d'ingénieur, d'une maîtrise scientifique en mécanique, physique ou d'un diplôme équivalent peuvent également intégrer l'école, sur titre, en 2e année.

Au programme

La formation d'ingénieur dure 3 ans. La formation de base privilégie les acquis scientifiques durables. Elle s'étend sur 2 années, la 1re durant deux mois, la 2e durant 4 mois. La 3e année, l'année à option, est l'occasion d'approfondir et de professionnaliser ses connaissances dans un grand domaine (aéronefs et véhicules, énergétique des systèmes, espace, acquisition et traitement de l'information, commande des systèmes embarqués, ingénierie et management des systèmes).

École nationale supérieure de techniques avancées (Ensta)

Accès

Le concours d'entrée en 1re année est ouvert aux étudiants des filières MP, PC et PSI des classes préparatoires scientifiques aux grandes écoles.

Au programme

Le projet pédagogique de l'Ensta vise à former des ingénieurs capables d'assurer la conception, la réalisation et la direction

Les « IA »

Cadres supérieurs, militaires au statut d'officier, les ingénieurs de l'armement forment le grand corps technique du ministère de la Défense. Ils sont recrutés directement parmi les élèves sortant de l'École polytechnique (seule voie d'accès à l'option recherche). Il existe également un concours externe d'entrée, ouvert aux 2e et 3e année de certaines écoles d'ingénieurs (Centrale, les Mines de Paris, Ponts et Chaussées, Supélec, Télécommunications, et deux écoles sous tutelle de la DGA, l'Ensta et Supaéro), ainsi qu'un concours sur titres, ouvert aux diplômés de ces mêmes grandes écoles, aux élèves de Polytechnique qui n'ont pu intégrer directement et aux élèves de l'ENS.
À noter : la plupart des IA sortent de Polytechnique et de Supaéro.

Les personnels civils

• **Ingénieurs** • Il existe deux catégories d'ingénieurs civils, recrutés par la DGA : les ingénieurs d'études et de fabrication (IEF) et les ingénieurs sous contrat (ICT)
Les IEF sont des fonctionnaires, recrutés sur concours externe, ouvert aux titulaires d'un diplôme d'ingénieur ou d'un bac + 4. Et sur concours interne pour les TSEF dotés de plusieurs années d'expérience. Ils assument des tâches d'encadrement dans divers domaines d'activités techniques.
Les ICT sont recrutés, en fonction des besoins, sur un mode similaire aux entreprises, avec CV, lettre de motivation et entretien.

• **Techniciens** • Les techniciens supérieurs d'études et de fabrication (TSEF) sont des fonctionnaires, recrutés par concours externe, ouvert aux candidats âgés de 40 ans au plus, d'un niveau bac + 2 (BTS, DUT ou diplôme équivalent).
Ils assistent les ingénieurs et ils encadrent, sur le terrain, des personnels chargés de l'exécution des travaux.
Les techniciens supérieurs, recrutés sur contrat, sont des spécialistes affectés dans les ateliers, centres d'essais ou bureaux d'études. Enfin, les techniciens civils à « statut ouvrier » sont engagés avec un BTS ou un DUT du secteur industriel (mécanique, électronique...), parfois avec un bac STI. Et la DGA emploie également des cadres technico-commerciaux sur contrat.

• **Ouvriers** • Les ouvriers professionnels de l'armement, agents de l'État non fonctionnaires, sont recrutés sur concours à l'âge de 15-16 ans, avec un niveau minimum fin de troisième.
Ils suivent une formation de trois ans dans l'une des six écoles de formation technique (EFT) à Bourges, Bordeaux-Latresne, Cherbourg, Lorient, Toulon ou Brest. Leur nombre s'est considérablement réduit, car la DGA n'a plus de fonction industrielle de production.
Les embauches devraient néanmoins reprendre, notamment dans les ateliers de maintenance aéronautique.
À noter que leur rôle évolue vers des tâches plus qualifiées.

de systèmes industriels complexes, sous des contraintes économiques fortes et dans un environnement international. La formation dure 3 ans. Plutôt que d'enseigner un « savoir-faire » dans un domaine donné, l'Ensta enseigne les différentes techniques propres de l'ingénieur, qu'elle illustre dans tous les domaines traditionnels de formation (mathématiques, mécanique, physique, informatique, etc.), plus un domaine de spécialisation. Quatorze filières de spécialisation sont proposées : automobile et systèmes de transport, offshore et architecture navale, propulsion spatiale, génie des procédés et environnement, énergie électronucléaire, environnement marin, systèmes d'information, télécommunications, multimédia, optimisation et recherche opérationnelle, commande des systèmes, modélisation des systèmes, systèmes de production et robotique autonome.

INGÉNIEURS DES ÉTUDES ET TECHNIQUES DE L'ARMEMENT (IETA)

École nationale supérieure des ingénieurs des études et techniques d'armement (Ensieta)

Accès

La seule voie d'entrée à l'Ensieta pour rejoindre la DGA est un concours externe, ouvert aux étudiants sortant de classes préparatoires scientifiques MP, PSI et TSI.

Au programme

La formation pour les élèves militaires dure 4 ans, la 1re année étant consacrée à la formation d'officier dans les armées. La 2e année, commune avec les élèves civils, est divisée en trois branches : l'ingénierie des systèmes mécaniques, l'ingénierie des systèmes électroniques et l'environnement marin. En 3e année, les options sont au nombre de six : architecture des véhicules (terrestres) et modélisation mécanique, ingénierie des matériaux énergétiques, hydrographie, cartographie, systèmes d'observations, de détection et d'informations, enfin architecture navale et offshore.

École nationale supérieure d'ingénieurs de constructions aéronautiques (Ensica)

Accès

Le concours d'entrée en 1re année est commun avec celui de l'École polytechnique. L'entrée en 2e année est ouverte aux étudiants titulaires d'un diplôme d'ingénieur reconnu par la Commission des titres, d'une maîtrise ès sciences (de mécanique, de préférence) ou d'un diplôme étranger admis en équivalence.

Au programme

La formation dure 4 ans. Entre la 2e et la 3e année, la possibilité est offerte aux élèves de passer une année d'immersion en entreprise. Une opportunité originale pour connaître d'une manière approfondie le secteur industriel et le métier d'ingénieur. La 1re année est formée de sept modules : mathématiques appliquées, informatique, mécanique et matériaux et structures, avionique-automatique, thermodynamique, formation générale (langues, éducation sportive et physique, visites d'entreprise, conférence, environnement aéronautique) et économie-sociologie-gestion. Les enseignements de la 2e et 3e année se spécialisent, des options et un projet d'initiative personnel s'y ajoutant.

Les « IETA »

Militaires au statut d'officier, les ingénieurs des études et techniques de l'armement sont recrutés directement à l'entrée de l'École nationale supérieure des ingénieurs des études et techniques d'armement (Ensieta) de Brest. Dès la 2e année, certains élèves poursuivent la formation à l'École nationale supérieure d'ingénieurs de constructions aéronautiques (Ensica). Le recrutement se fait également par concours sur titres, ouvert aux titulaires d'un diplôme d'ingénieur ou d'un titre équivalent.

Le Service des essences

La plupart des formations du Service des essences des armées sont localisées à la Base pétrolière interarmées (BPIA) de Chalon-sur-Saône. C'est là que, du militaire du rang à l'officier en passant par le sous-officier, on apprend à devenir un exploitant pétrolier.

OFFICIER

Le SEA comprend deux corps d'officiers : les ingénieurs militaires des essences (IME) *(voir encadré)* et les officiers du corps technique et administratif (OCTA).

Officier du corps technique et administratif du SEA

Accès

Après une année de formation initiale à l'EMCTA *(voir page 96)*, les élèves peuvent rejoindre, en fonction de leur vœux et de leur classement au concours, la Base pétrolière interarmées (BPIA) de Chalon-sur-Saône pour y recevoir pendant un an leur formation d'application.

Au programme

Formation générale, formation aux produits pétroliers, aux matériels et infrastructures du SEA, à la sécurité pétrolière, aux logiciels spécifiques du SEA, à la logistique opérationnelle, au management, finances, marchés publics, formation à l'administration des personnels, au contrôle de gestion... Les enseignements sont complétés par des stages et visites. Enfin, la scolarité se termine par la préparation et la soutenance d'un mémoire.

Et après

Les OCTA accèdent à des fonctions de commandement (adjoint ou chef de service, chef de dépôt de carburants...).

SOUS-OFFICIER

Sous-officier du SEA

Accès

Le concours externe s'adresse aux candidats âgés de 21 à 28 ans au 1er janvier de l'année du concours et titulaires d'un BEP (ou équivalent) ou de niveau baccalauréat au moment du concours. Le niveau des épreuves correspond aux connaissances d'un élève de 1re S.

Au programme

La formation se déroule à la Base pétrolière interarmées (BPIA) de Chalon-sur-Saône. Elle dure un an. L'enseignement est à la fois général, militaire, pétrolier et administratif. Il comprend plusieurs volets :

- un domaine général (présentation du SEA, anglais, logistique, contrôle de gestion, activités sportives...) ;
- un module militaire (présentation des armées, combat, tir, topographie, transmissions, marches...) ;
- deux modules sur les techniques pétrolières (produits pétroliers, matériels du SEA et maintenance, logiciels spécifiques, sécurité pétrolière...) ;
- un module concernant la gestion, le management et l'administration du personnel ;
- des stages d'application.

Et après

Obtention du brevet élémentaire de technicien essences (BETE). Les sous-officiers du SEA accèdent à des emplois de nature technique ou administrative (adjoint ou chef de service, chef de petits dépôts de carburants...). Possibilité de se présenter au brevet supérieur de technicien essences (BSTE) après plusieurs années pour accéder à des postes à plus hautes responsabilités. Possibilité de devenir officier.

Sous-officier de la spécialité « soutien pétrolier »

Peu nombreux, ces sous-officiers sont recrutés après leur formation à l'ENSOA de Saint-Maixent *(voir fiche école p. 81)*. Dans la mesure des places disponibles, ils choisissent le SEA et reçoivent une formation spécialisée d'un an à la BPIA de Chalon-sur-Saône.

Les engagés volontaires du SEA

Les EVSEA sont recrutés par le biais des CIRAT (centres d'information et de recrutement de l'armée de terre). Ils sont ensuite formés directement à la BPIA de Chalon-sur-Saône où ils reçoivent pendant huit mois une formation militaire initiale, une formation à la conduite des super-poids lourds et une formation à la spécialité pétrolière.

Les ingénieurs militaires des essences

Les IME ont vocation à occuper les postes de direction du SEA, assistés par les officiers du corps technique et administratif. Il n'existe pas d'accès direct à ce poste. Les IME sont recrutés sur titres ou sur concours parmi les officiers de carrière de l'armée de terre, de la Marine, de l'armée de l'air et des services rattachés, ayant le grade de capitaine ou un grade correspondant. Il faut également satisfaire à certaines conditions : être âgé de moins de 38 ans, réunir entre 3 et 8 ans d'ancienneté dans le grade et remplir les conditions d'aptitudes physiques requises. Le concours sur épreuves porte essentiellement sur des matières scientifiques et techniques. Les personnes admises au concours ou sur titres suivent un cycle de formation de deux ans : une année à l'École nationale supérieure du pétrole et des moteurs (ENSPM), un stage théorique de 4 mois à la BPIA et un stage pratique de six mois dans les organismes du Service des essences des armées. À l'issue de ces stages, les élèves présentent oralement un projet individuel.

Le Service de santé

Médecins, dentistes, pharmaciens, vétérinaires, les personnels médicaux du SSA doivent avoir réussi le concours d'entrée des écoles de Lyon ou Bordeaux, puis avoir suivi un double cursus, classique et militaire.

OFFICIER

Les écoles du Service de santé des armées

Elles assurent la formation technique générale et militaire des futurs officiers de carrière du Service de santé des armées. L'école de Lyon-Bron accueille des médecins, des pharmaciens-chimistes, des vétérinaires-biologistes et des chirurgiens-dentistes ; celle de Bordeaux n'accueille que des médecins.

Les élèves admis dans ces établissements (en général par concours, parfois sur titres) doivent s'inscrire à l'université et y accomplissent le même parcours que les étudiants civils.

Ils bénéficient toutefois d'un soutien qui leur permet de suivre le cursus universitaire dans les meilleures conditions possibles et de réussir les différents concours.

Un enseignement complémentaire est dispensé dans les domaines suivants : le secourisme, l'épidémiologie, la méthodologie, la communication, la médecine des activités physiques et sportives, la médecine d'urgence et de catastrophe. Des stages sont organisés, notamment chez les pompiers et au SAMU.

Les élèves reçoivent, par ailleurs, une formation militaire qui allie des aspects théoriques et pratiques : stages dans les unités militaires et les hôpitaux des armées, acquisition de brevets militaires (parachutisme, plongeur de bord, alpinisme, commando).

Dernier axe du programme : la culture générale. Avec une initiation à l'informatique, des cours d'anglais médical, des voyages d'études et des stages à l'étranger, des conférences, la préparation de certificats de langues.

À l'issue de leur scolarité, les élèves doivent obtenir le diplôme de leur spécialité (médecine, pharmacie, vétérinaire ou dentaire) pour pouvoir exercer.

Médecin ou pharmacien-chimiste des armées

Accès

Les médecins et les pharmaciens sont recrutés par un concours commun (sur épreuves). En 2001, 1 681 candidats se sont inscrits pour 150 places en médecine et 5 en pharmacie. En 2003, 47 postes de médecins seront ouverts, dont 10 en chirurgie générale et 8 en anesthésiologie et réanimation chirurgicale. Quant aux pharmaciens, ils se disputeront 4 postes seulement (à Paris, Marseille, Lyon et Orléans).

Déroulement des études

Les élèves s'inscrivent auprès des UFR des universités de Bordeaux et de Lyon (les pharmaciens à Lyon seulement) : ils suivent l'enseignement dans son intégralité, passent les mêmes examens que les étudiants civils et obtiennent les mêmes diplômes d'État. Ils doivent en particulier réussir les épreuves du concours qui sanctionne la fin de première année du premier cycle des études médicales (PCEM1) ou la fin de première année des études pharmaceutiques (PCEP1). Un échec à ce concours, avec des résultats jugés insuffisants, peut entraîner une exclusion de l'école. Pour les élèves admis à redoubler cette première année, un second échec au concours est automatiquement synonyme d'arrêt des études médicales ou pharmaceutiques.

Les élèves achèvent leur formation initiale par un troisième cycle de médecine ou de pharmacie générale dont la dernière année est effectuée à l'École d'application du service de santé des armées (EASSA) au Val-de-Grâce, à Paris. À l'issue de ce cursus, ils obtiennent le diplôme d'État de docteur en médecine ou en pharmacie.

Vétérinaire-biologiste des armées

Accès

L'École du service de santé des armées de Lyon recrute ses élèves au moyen d'un concours sur titres. Ce concours est ouvert aux jeunes qui sont déjà admis dans les écoles nationales vétérinaires (ENV) ou en cours de scolarité dans ces mêmes établissements. En 2001, un seul poste a été ouvert (il y en avait eu quatre l'année précédente).

Déroulement des études

Les candidats sélectionnés poursuivent leurs études dans une ENV. À la différence de leurs camarades civils, ils perçoivent une rémunération et s'apprêtent à devenir des officiers de carrière. Avant de recevoir une affectation, les vétérinaires passent leur dernière année d'études à l'École d'application du service de santé des armées (EASSA) au Val-de-Grâce, à Paris.

Chirurgien-dentiste des armées

Accès et cursus

L'École du service de santé organise deux types de recrutements. Au niveau du bac, parmi les candidats qui ont passé avec succès le concours d'entrée. Sur autorisation du ministère de la Défense,

Les MITHA

Dépendant du Service de santé des armées, les militaires infirmiers et techniciens des hôpitaux des armées (MITHA) occupent des emplois paramédicaux ou de secrétariat, d'exécution ou d'encadrement au sein des hôpitaux militaires, dans les centres de recherche et d'expertise ou dans les écoles. Ces personnels sont recrutés sur titres : diplôme d'État d'infirmier pour les infirmiers ; diplôme professionnel pour les aides-soignants ; baccalauréat SMS pour les secrétaires. Leur rémunération est alignée sur celle des agents de la fonction publique hospitalière.

ces étudiants poursuivent leurs études dans un établissement supérieur d'odontologie.

Les étudiants qui sont déjà en cours d'études odontologiques et qui ont moins de 24 ans peuvent se présenter à un concours sur épreuves.

À noter : ce corps d'officiers est de création récente, puisqu'il est apparu en mars 2000.

SOUS-OFFICIER

L'École du personnel paramédical des armées (EPPA)

Situé à Toulon, cet établissement interarmées forme les futurs infirmiers qui serviront comme sous-officiers dans les différents corps (terre, air, Marine ou gendarmerie).

Accès

Les bacheliers sont sélectionnés grâce à une épreuve écrite de culture générale, des tests psychotechniques et un entretien avec un jury.

Déroulement des études

Les candidats admis intègrent dans un premier temps l'École de formation militaire de leur armée d'appartenance. Pour l'armée de terre : l'École nationale des sous-officiers d'active à Saint-Maixent (de novembre à mai), puis le premier régiment médical de Metz (groupement médical La Valbonne). Pour la Marine : l'École de maistrance à Brest (de janvier à avril), puis un stage d'observation en unité. Pour l'armée de l'air : l'École de formation des sous-officiers de l'armée de l'air de Rochefort (de mars à juin), puis l'École technique de sécurité de l'armée de l'air de Cazaux. Pour la gendarmerie : l'École des sous-officiers de la gendarmerie nationale de Rochefort (de juin à août).
Début septembre, tous ces élèves rejoignent l'EPPA de Toulon pour un cursus de 39 mois. Le programme est identique à celui suivi par les étudiants en soins infirmiers de la fonction publique. À l'issue de cette formation, les élèves passent un examen pour obtenir le diplôme d'État d'infirmier, indispensable pour pouvoir exercer la profession.

guide pratique

Les adresses utiles

Après la lecture de cet ouvrage, il vous vient probablement des interrogations. C'est bon signe! Pour y répondre, nous vous présentons une liste d'interlocuteurs à même de vous aider.

LES ÉTABLISSEMENTS RELAIS

L'Onisep

L'office national d'information sur les enseignements et les professions (ONISEP) édite des documents d'information et d'orientation généraux (collection Guides), sur les études supérieures (collections Infosup et Dossiers), sur les secteurs d'activité et les métiers (collections Parcours et Fiches métiers). Vous pouvez les consulter gratuitement au CDI de votre établissement scolaire ou au CIO.
Vous pouvez également surfer sur son site: http://www.onisep.fr. En cliquant sur la rubrique «Atlas des formations», vous trouverez les formations par domaine ou par niveau d'études ainsi que les établissements qui y préparent. D'autres rubriques sont accessibles. Parmi elles: «Orientation» pour cogiter en famille, «Concours de la fonction publique», etc.

Les CIO

Environ 600 centres d'information et d'orientation (CIO) sont répartis sur l'ensemble du territoire. Dépendant du ministère de l'Éducation nationale, leur rôle principal est d'informer le public sur les études, les formations professionnelles, les qualifications et les professions. Vous pouvez, sur rendez-vous, consulter un conseiller d'orientation-psychologue pour élaborer un projet d'orientation et recevoir une information personnalisée. Pour connaître les coordonnées du centre le plus proche de chez vous, contacter la mairie de votre commune.

Les directions centrales

Pour des renseignements sur le recrutement et les carrières au sein des services spécialisés de l'armée: service des essences (SEA), service de la santé (SSA) et Délégation générale pour l'armement ainsi que sur les carrières de commissaire et le personnel civil.

Direction centrale du service des essences des armées (SEA)
14, rue Saint-Dominique - 00450 Armées
Tél.: 0155588073
Minitel: 3614 SEAINFO

Direction centrale du service de la santé des armées (SSA)
Sous-direction ressources humaines
Hôpital d'instruction militaire du Val-de-Grâce - 74, bd de Port-Royal
75005 Paris - Tél.: 0140516902/03
Minitel: 3614 HOPIARM
Internet: www.defense.gouv.fr/santé

Délégation générale pour l'armement (DGA)
Direction des ressources humaines
26, bd Victor - 00460 Armées
Tél.: 0145524747 04/6492
Internet: www.defense.gouv.fr/dga

Direction de la fonction militaire et du personnel civil
Sous-direction de la gestion du personnel civil
Bureau des concours et des emplois réservés
26, boulevard Victor - 00463 Armées
Tél.: 0145525088 (de 14h30 à 17 h)
Minitel: 3614 code SGA 1
Internet: www.defense.gouv.fr/sga

Armée de terre

Tél.: 0892682414
Minitel: 3615 TERRE
Internet: www.defense.gouv.fr/terre

Commandement de la formation de l'armée de terre (COFAT)
Quartier Baraguey d'Hilliers
60 bis, boulevard Thiers - BP 41
37061 Tours Cedex - Tél.: 0247772212.

Armée de l'air

Tél.: 0800 839 340 (n° vert)
Minitel: 3614 ARMEE AIR
Internet: www.defense.gouv.fr/air
Vous pouvez également obtenir des renseignements par courrier ou par mél.: écrire à la Sous-direction du recrutement (SDR) - BA 705 - RN 10 - 37076 Tours Cedex 02 ou sdrtours@ifrance.com

Marine nationale

Tél.: 0810 501 501 (n° azur)
Internet: www.defense.gouv.fr/marine et cliquer sur la rubrique «Carrières».
Minitel: 36 15 MN.

Gendarmerie nationale

Tél.: 0820 220 221
Internet: www.defense.gouv.fr/gendarmerie et cliquer sur la rubrique «Ressources humaines». Minitel: 3614 gendarme.

Les centres d'information et de recrutement de l'armée de terre (CIRAT)

Agen - Caserne Valence
339, rue du Maréchal Juin - 47918 Agen
Tél.: 0553771571
Mél.: cirat-agen@recrutement.terre.defense.gouv.fr

Ajaccio - Quartier du Général Grossetti
Boulevard Albert 1er - BP 826
20192 Ajaccio Cedex
Tél.: 0495214312
Mél.: cirat-ajaccio@recrutement.terre.defense.gouv.fr

Albi - Caserne Teyssier - 11, rue de la Madeleine - 81003 Albi Cedex
Tél.: 0563773276
Mél.: cirat-albi@recrutement.terre.defense.gouv.fr

Alençon - 45 bis, rue de la demi-lune
Quartier Lyautey - BP 345
61014 Alençon Cedex
Tél.: 0233812935

LES BUREAUX D'INFORMATION ET DE RECRUTEMENT

Pour tout renseignement sur les métiers, les carrières, le recrutement, les concours, vous pouvez consulter le site du ministère de la Défense (www.defense.gouv.fr), mais le mieux est de se rendre d'abord au bureau d'information et de recrutement de sa région ou de son département. Chaque corps d'armée a le sien: **CIRAT** (centre d'information et de recrutement de l'armée de terre), **BAI** (bureau air information), **BICM** (bureau d'information sur les carrières de la Marine), ou **CIRGEND** (centre d'information et de recrutement de la gendarmerie).
Pour connaître le bureau le plus proche de son domicile, voir plus loin la liste par ville, ou bien composer le numéro vert, azur ou indigo de chaque armée.

Mél. : cirat-alencon@recrutement.terre.defense.gouv.fr

Amiens - 36, rue de L'Amiral Courbet
BP 3004 - 80027 Amiens Cedex
Tél. : 03 22 71 77 50
Mél. : cirat-amiens@recrutement.terre.defense.gouv.fr

Angers - Place Lafayette - BP 4123
49041 Angers Cedex - Tél. : 02 41 25 63 23
Mél. : cirat-angers@recrutement.terre.defense.gouv.fr

Angoulême - 167, rue de Périgueux
BP 1362 - 16017 Angoulême
Tél. : 05 45 22 42 85
Mél. : cirat-angouleme@recrutement.terre.defense.gouv.fr

Annecy - 1, rue de l'Intendance
74000 Annecy - Tél. : 04 50 66 67 87
Mél. : cirat-annecy@recrutement.terre.defense.gouv.fr

Arras - 7, rue Ernest de Lannoy - BP 972
62023 Arras Cedex - Tél. : 03 21 21 72 12
Mél. : cirat-arras@recrutement.terre.defense.gouv.fr

Auch - Caserne Lannes - Rue du Général de Gaulle - BP 402 - 32000 Auch
Tél. : 05 62 61 72 81
Mél. : cirat-auch@recrutement.terre.defense.gouv.fr

Auxerre - 16 bis, rue Faidherbe
BP 1 - 89010 Auxerre Cedex
Tél. : 03 86 72 72 71
Mél. : cirat-auxerre@recrutement.terre.defense.gouv.fr

Avignon - 32, rue Joseph Vernet
84000 Avignon - Tél. : 04 90 14 52 93
Mél. : cirat-avignon@recrutement.terre.defense.gouv.fr

Bar-le-Duc - 26, rue Bradfer
55000 Bar-le-Duc - Tél. : 03 29 77 57 99
Mél. : cirat-bar-le-duc@recrutement.terre.defense.gouv.fr

Bastia - Place du Donjon - La Citadelle
BP 202 - 20298 Bastia Cedex
Tél. : 04 95 32 20 48
Mél. : cirat-bastia@recrutement.terre.defense.gouv.fr

Bayonne - 19, quai de Lesseps
64109 Bayonne Cedex
Tél. : 05 59 50 24 25
Mél. : cirat-bayonne@recrutement.terre.defense.gouv.fr

Belfort - Hôtel du Gouverneur - Place de l'Arsenal - BP 503 - 90016 Belfort Cedex
Tél. : 03 84 58 43 08
Mél. : cirat-belfort@recrutement.terre.defense.gouv.fr

Besançon - Caserne Ruty - 64, rue Bersot
BP 34 - 25998 Besançon Armées
Tél. : 03 81 87 24 61
Mél. : cirat-besancon@recrutement.terre.defense.gouv.fr

Bordeaux - Caserne Pelleport
7, rue de Cursol - 33998 Bordeaux Armées - Tél. : 05 57 85 15 35
Mél. : cirat-bordeaux@recrutement.terre.defense.gouv.fr

Bourg-en-Bresse - Caserne Aubry
8A, bd Maréchal Leclerc
01011 Bourg-en-Bresse Cedex
Tél. : 04 74 32 19 19
Mél. : cirat-bourg-en-bresse@recrutement.terre.defense.gouv.fr

Bourges - 10, avenue du 95e de ligne
BP 706 - 18015 Bourges Cedex
Tél. : 02 48 68 74 12
Mél. : cirat-bourges@recrutement.terre.defense.gouv.fr

Brest - 8, rue Colbert - BP 10
29240 Brest Naval - Tél. : 02 98 22 16 23
Mél. : cirat-brest@recrutement.terre.defense.gouv.fr

Brive - 5, rue Louis Latrade - BP 401
19100 Brive - Tél. : 05 55 17 70 72
Mél. : cirat-brive@recrutement.terre.defense.gouv.fr

Caen - Quartier Lorge - 72, rue Caponière
14037 Caen Cedex - Tél. : 02 31 27 92 07
Mél. : cirat-caen@recrutement.terre.defense.gouv.fr

Cahors - Caserne Beissières
1, rue de la Barre - 46016 Cahors
Tél. : 05 65 20 36 60
Mél. : cirat-cahors@recrutement.terre.defense.gouv.fr

Carcassonne - Place de Lattre-de-Tassigny
BP 811 - 11012 Carcassonne Cedex
Tél. : 04 68 11 59 83
Mél. : cirat-carcassonne@recrutement.terre.defense.gouv.fr

Cayenne (Guyane)
8, rue Samuel Lubin - 97300 Cayenne
Tél. : 05 94 31 12 45
Mél. : cirat-cayenne@recrutement.terre.defense.gouv.fr

Cergy-Pontoise
2, chemin des Bourgognes - BP 219
95024 Cergy-Pontoise Cedex
Tél. : 01 34 43 49 40
Mél. : cirat-cergy-pontoise@recrutement.terre.defense.gouv.fr

Châlons-en-Champagne
Quartier Chanzy - Avenue de Valmy
51022 Châlons-en-Champagne Cedex
Tél. : 03 26 63 26 63
Mél. : cirat-chalons-en-champagne@recrutement.terre.defense.gouv.fr

Chambéry - 126, rue Pasteur
BP 1134 - 73011 Chambéry Cedex
Tél. : 04 79 70 96 89
Mél. : cirat-chambery@recrutement.terre.defense.gouv.fr

Charleville-Mézières
18, avenue Corneau - BP 573
08004 Charleville-Mézières
Tél. : 03 24 52 34 90
Mél. : cirat-charleville-mezieres@recrutement.terre.defense.gouv.fr

Chartres - 1, rue Pierre Mendès-France
BP 411 - 28018 Chartres Cedex
Tél. : 02 37 91 56 39
Mél. : cirat-chartres@recrutement.terre.defense.gouv.fr

Chaumont - 12, place des Halles
52000 Chaumont Cedex
Tél. : 03 25 03 84 00
Mél. : cirat-chaumont@recrutement.terre.defense.gouv.fr

Choisy-le-Roi - 15, avenue A. France
94600 Choisy-le-Roi - Tél. : 01 48 84 40 00
Mél. : cirat-choisy-le-roi@recrutement.terre.defense.gouv.fr

Clermont-Ferrand
31, cours Sablon - BP 190
63006 Clermont-Ferrand Cedex 01
Tél. : 04 73 99 22 62
Mél. : cirat-clermont-ferrand@recrutement.terre.defense.gouv.fr

Compiègne - Quartier Bourcier
29, cours Guynemer - BP 100/11
60209 Compiègne Cedex
Tél. : 03 44 38 59 55
Mél. : cirat-compiegne@recrutement.terre.defense.gouv.fr

Dijon - Caserne Vaillant
24, avenue Garibaldi - 21032 Dijon Cedex
Tél. : 03 80 11 22 32
Mél. : cirat-dijon@recrutement.terre.defense.gouv.fr

Dunkerque - Caserne Pagézy
27/29, quai des jardins
59385 Dunkerque Cedex 1
Tél. : 03 28 66 93 34
Mél. : cirat-dunkerque@recrutement.terre.defense.gouv.fr

Épinal - 1, avenue des templiers
Case officielle 573 - 88000 Épinal
Tél. : 03 29 29 28 78
Mél. : cirat-epinal@recrutement.terre.defense.gouv.fr

Évreux - 40, rue Saint Sauveur
BP 488 - 27004 Évreux Cedex
Tél. : 02 32 33 95 80
Mél. : cirat-evreux@recrutement.terre.defense.gouv.fr

Évry - 110, place de l'Agora - BP 198
91006 Évry Cedex - Tél. : 01 69 47 49 99
Mél. : cirat-evry@recrutement.terre.defense.gouv.fr

Foix - 2, avenue Charles de Gaulle
BP 82 - 09800 Foix - Tél. : 05 61 05 07 10
Mél. : cirat-foix@recrutement.terre.defense.gouv.fr

Fort-de-France (Martinique)
Quartier Gerbault - BP 608
97261 Fort-de-France Cedex
Tél. : 05 96 39 58 76
Mél. : cirat-fort-de-France@recrutement.terre.defense.gouv.fr

Gap - Caserne Reynier - Rue Bayard
BP 91 - 05007 Gap - Tél. : 04 92 40 82 06
Mél. : cirat-gap@recrutement.terre.defense.gouv.fr

Grenoble - Caserne de l'Alma
10, rue C. Gemond - BP 1408
38023 Grenoble Cedex 01
Tél. : 04 76 76 22 30
Mél. : cirat-grenoble@recrutement.terre.defense.gouv.fr

Laon - 44, rue Vinchon - BP 70
02003 Laon Cedex - Tél. : 03 23 26 72 38

Mél. : cirat-laon@recrutement.terre.defense.gouv.fr

La Rochelle - Place de Verdun
BP 1054 - 17087 La Rochelle
Tél. : 05 46 50 42 00
Mél. : cirat-la-rochelle@recrutement.terre.defense.gouv.fr

La Roche-sur-Yon - 12, rue du 93e RI
BP 627 - 85016 La Roche-sur-Yon Cedex
Tél. : 02 51 47 88 45
Mél. : cirat-la-roche-sur-yon@recrutement.terre.defense.gouv.fr

Laval - 27, rue de Bretagne
Caserne Carbineau - 53013 Laval Cedex
Tél. : 02 43 91 52 27
Mél. : cirat-laval@recrutement.terre.defense.gouv.fr

Lille - 28, place aux Bleuets - BP 51
59998 Lille Armées - Tél. : 03 28 38 29 39
Mél. : cirat-lille@recrutement.terre.defense.gouv.fr

Limoges - 1, place Jourdan - BP 17
87998 Limoges - Tél. : 05 55 42 25 40
Mél. : cirat-limoges@recrutement.terre.defense.gouv.fr

Lyon - Quartier Général Frère
4, rue Nadaud - BP 51 - 69998 Lyon
Tél. : 04 37 27 26 66
Mél. : cirat-lyon@recrutement.terre.defense.gouv.fr

Mâcon - Rue de Flacé - BP 550
71017 Mâcon - Tél. : 03 85 32 73 40
Mél. : cirat-macon@recrutement.terre.defense.gouv.fr

Le Mans - Caserne Mangin
10, rue Notre-Dame - BP 517
72017 Le Mans Cedex 1
Tél. : 02 43 78 42 86
Mél. : cirat-le-mans@recrutement.terre.defense.gouv.fr

Marseille - 69, corniche John Kennedy
BP 39 - 13998 Marseille
Tél. : 04 91 15 24 17
Mél. : cirat-marseille@recrutement.terre.defense.gouv.fr

Meaux - 49, avenue Salvador Allende
BP 50 - 77103 Meaux Cedex
Tél. : 01 64 36 48 30
Mél. : cirat-meaux@recrutement.terre.defense.gouv.fr

Melun - Quartier Pajol
13, avenue du 13e Dragons - BP 156
77010 Melun Cedex - Tél. : 01 60 56 58 70
Mél. : cirat-melun@recrutement.terre.defense.gouv.fr

Metz - Avenue Robert Schuman - BP 58
57998 Metz - Tél. : 03 87 15 58 17
Mél. : cirat-metz@recrutement.terre.defense.gouv.fr

Montauban - 12, rue Bessières
82000 Montauban - Tél. : 05 63 63 62 39
Mél. : cirat-montauban@recrutement.terre.defense.gouv.fr

Mont-de-Marsan - Avenue du Maréchal Foch - 40026 Mont-de-Marsan
Tél. : 05 58 85 42 82
Mél. : cirat-mont-de-marsan@recrutement.terre.defense.gouv.fr

Montpellier - 2, rue Pagézy - BP 40
34000 Montpellier - Tél. : 04 67 92 45 37
Mél. : cirat-montpellier@recrutement.terre.defense.gouv.fr

Moulins - 9, rue de la Comédie - BP 1752
03017 Moulins - Tél. : 04 70 48 55 96
Mél. : cirat-moulins@recrutement.terre.defense.gouv.fr

Mulhouse - 1 A, rue Vauban
68100 Mulhouse - Tél. : 03 89 60 51 43
Mél. : cirat-mulhouse@recrutement.terre.defense.gouv.fr

Nancy - Caserne Thiry
Rue Sainte-Catherine
Case officielle n° 73 - 54036 Nancy Cedex
Tél. : 03 83 77 25 22
Mél. : cirat-nancy@recrutement.terre.defense.gouv.fr

Nantes - 110, boulevard Gambetta
BP 01 - 44998 Nantes Armées
Tél. : 02 40 29 19 61
Mél. : cirat-nantes@recrutement.terre.defense.gouv.fr

Nevers - 9, square de la résistance
BP 29 - 58019 Nevers Cedex
Tél. : 03 86 59 95 90
Mél. : cirat-nevers@recrutement.terre.defense.gouv.fr

Nice - 1 bis, rue Catherine Ségurane
BP 135 - 06303 Nice Cedex 04
Tél. : 04 93 62 78 74
Mél. : cirat-nice@recrutement.terre.defense.gouv.fr

Nîmes - 11, boulevard Saintenac
BP 7 - 30998 Nîmes Armées
Tél. : 04 66 02 31 22
Mél. : cirat-nimes@recrutement.terre.defense.gouv.fr

Noisy-le-Sec - 40, rue Jean-Jaurès
93130 Noisy-le-Sec - Tél. : 01 41 83 68 00
Mél. : cirat-noisy-le-sec@recrutement.terre.defense.gouv.fr

Nouméa (Nouvelle-Calédonie)
Quartier Gribeauval - Rimap Nc
BP 42 - 98842 Nouméa Cedex
Tél. : 006 87 24 24 96
Mél. : cirat-noumea@recrutement.terre.defense.gouv.fr

Orléans - 2, rue Fernand Rabier
BP 5229 - 45052 Orléans Cedex
Tél. : 02 38 65 36 02
Mél. : cirat-orleans@recrutement.terre.defense.gouv.fr

Papeete (Polynésie)
Camp d'Arue - SP 91319 - 203 Armées
Tél. : 00689 46 32 47
Mél. : cirat-papeete@recrutement.terre.defense.gouv.fr

Paris - 75, boulevard Diderot
BP 406 - 75012 Paris Armées
Adresse militaire : BP 406 - 00478 Armées
Tél. : 01 44 64 23 22
Mél. : cirat-paris@recrutement.terre.defense.gouv.fr

Pau - Caserne Bernadotte - Place de Verdun - 64000 Pau - Tél. : 05 59 40 46 41
Mél. : cirat-pau@recrutement.terre.defense.gouv.fr

Périgueux - 6, rue du 34e régiment d'artillerie - 24000 Périgueux
Tél. : 05 53 02 82 79
Mél. : cirat-perigueux@recrutement.terre.defense.gouv.fr

Perpignan - Caserne Dagobert
2, rue Jean de Gazanyola - BP 917
66020 Perpignan Cedex
Tél. : 04 68 08 22 64
Mél. : cirat-perpignan@recrutement.terre.defense.gouv.fr

Pointe-à-Pitre (Guadeloupe)
Camp du Dugommier - La Jaille - BP 2900
97189 Jarry Cedex - Tél. : 05 90 60 61 65
Mél. : cirat-pointe-a-pitre@recrutement.terre.defense.gouv.fr

Poitiers - Quartier Aboville
7, bd Colonel Barthal - BP 679
86023 Poitiers - Tél. : 05 49 00 22 27
Mél. : cirat-poitiers@recrutement.terre.defense.gouv.fr

Puteaux - 6, rue Anatole France
92800 Puteaux - Tél. : 01 55 23 04 59
Mél. : cirat-puteaux@recrutement.terre.defense.gouv.fr

Quimper - 44, rue Jean Jaurès
BP 1712 - 29107 Quimper Cedex
Tél. : 02 98 64 78 50
Mél. : cirat-quimper@recrutement.terre.defense.gouv.fr

Reims - 32, bd de la paix
51100 Reims - Tél. : 03 26 77 54 01
Mél. : cirat-reims@recrutement.terre.defense.gouv.fr

Rennes - Quartier Foch
78, bd de la Tour d'Auvergne
BP 05 - 35998 Rennes Armées
Tél. : 02 99 30 22 70
Mél. : cirat-rennes@recrutement.terre.defense.gouv.fr

Rodez - Immeuble Général Viala
BP 813 - 12008 Rodez Cedex
Tél. : 05 65 75 58 20
Mél. : cirat-rodez@recrutement.terre.defense.gouv.fr

Rouen - Quartier Philippon
1, rue du Colonel Trupel - 76000 Rouen
Tél. : 02 32 08 20 53
Mél. : cirat-rouen@recrutement.terre.defense.gouv.fr

Saint-Brieuc - 4, boulevard Charner
BP 2244 - 22022 Saint-Brieuc Cedex 1
Tél. : 02 96 01 58 08
Mél. : cirat-saint-brieuc@recrutement.terre.defense.gouv.fr

Saint-Denis (La Réunion) - Caserne Lambert - 97709 Saint-Denis Cedex 9
Tél. : 02 62 90 84 06
Mél. : cirat-saint-denis@recrutement.terre.defense.gouv.fr

Saint-Denis - 2 bis, rue des Boucheries
93200 Saint-Denis - Tél. : 01 42 13 37 72
Mél. : cirat-st-denis@recrutement.terre.defense.gouv.fr

Saint-Étienne - Maison de l'Armée
31, rue Voltaire - BP 299
42014 Saint-Étienne Cedex 02
Tél. : 0477435980
Mél. : cirat-saint-etienne@recrutement.terre.defense.gouv.fr

Saint-Lô - Caserne Bellevue
177, rue de l'Exode - BP 320
50010 Saint-Lô Cedex
Tél. : 0233069415
Mél. : cirat-saint-lo@recrutement.terre.defense.gouv.fr

Strasbourg - 1, rue de Saales
BP 1054/M, 67071 Strasbourg Cedex
Tél. : 0388528719
Mél. : cirat-strasbourg@recrutement.terre.defense.gouv.fr

Tarbes - Hôtel des Services - 2, passage du Pradeau - 65014 Tarbes Cedex
Tél. : 0562568062
Mél. : cirat-tarbes@recrutement.terre.defense.gouv.fr

Thierville-sur-Meuse/Verdun
Quartier Gribeauval - BP 61
55840 Thierville-sur-Meuse
Tél. : 0329735411
Mél. : cirat-thierville@recrutement.terre.defense.gouv.fr

Toulon - 181, avenue Maréchal Foch
BP 53 - 83800 Toulon Naval
Tél. : 0494021248
Mél. : cirat-toulon@recrutement.terre.defense.gouv.fr

Toulouse - Palais Niel
2, rue Montoulieu-St-Jacques
31998 Toulouse Armées
Tél. : 0562573481
Mél. : cirat-toulouse@recrutement.terre.defense.gouv.fr

Tours - Touraine Val-de-Loire
BP 3408 - 37034 Tours Cedex 1
Tél. : 0247772147
Mél. : cirat-tours@recrutement.terre.defense.gouv.fr

Troyes - Rue du 1er Bataillon de Chasseurs à pied - BP 365
10025 Troyes Cedex - Tél. : 0325826289
Mél. : cirat-troyes@recrutement.terre.defense.gouv.fr

Valence - Avenue Dupré de Loire
BP 2138 - 26021 Valence Cedex
Tél. : 0475784591
Mél. : cirat-valence@recrutement.terre.defense.gouv.fr

Vannes - 1, place Nazareth - BP 17
56000 Vannes - Tél. : 0297473515
Mél. : cirat-vannes@recrutement.terre.defense.gouv.fr

Versailles - 7, rue des Chantiers
78013 Versailles - Tél. : 0139259200
Mél. : cirat-versailles@recrutement.terre.defense.gouv.fr

Vesoul - Place du 11e Chasseurs
BP 402 - 70014 Vesoul Cedex
Tél. : 0384971497
Mél. : cirat-vesoul@recrutement.terre.defense.gouv.fr

Les bureaux Air Information

Ajaccio - Quartier général Grossetti
1, bd Albert 1er - BP 837
20192 Ajaccio Cedex 4
Tél. : 0495213205
Mél. : baiajaccio@wanadoo.fr

Albi - 4, place Edmond Canet
81000 Albi - Tél. : 0563542661
Mél. : baialbi@wanadoo.fr

Amiens - 19, rue Ernest Cauvin
80000 Amiens - Tél. : 0322917236
Mél. : baiamiens@wanadoo.fr

Besançon - 64, rue Bersot - BP 37
25998 Besançon Armées
Tél. : 0381822666
Mél. : baibesancon@wanadoo.fr

Bordeaux - 50, rue des 3 Conils
BP 26 - 33998 Bordeaux Armées
Tél. : 0556009150
Mél. : baibordeaux@ifrance.com

Caen - 10, rue Capitaine Boualam
14000 Caen - Tél. : 0231861036
Mél. : baicaen@wanadoo.fr

Clermont-Ferrand
26, avenue des Paulines - BP 112
63035 Clermont-Ferrand Cedex 1
Tél. : 0476120560
Mél. : baiclermont@wanadoo.fr

Dijon - 7, place Wilson - BP 62
21002 Dijon Cedex - Tél. : 0380682333
Mél. : baidijon@wanadoo.fr

Grenoble
13/15, boulevard Maréchal Joffre
BP 1107 - 38023 Grenoble Cedex
Tél. : 0476120560
Mél. : baigrenoble@ifrance.com

Le Mans - 12 ter, rue Notre-Dame
BP 27042 - 72007 Le Mans Cedex 1
Tél. : 0243819604
Mél. : lemans@ifrance.com

Lille - 30 bis, rue de Thionville - BP 46
59009 Lille Cedex - Tél. : 0320552541
Mél. : bailille@wanadoo.fr

Limoges - 1, rue d'Isly - BP 624
87013 Limoges Cedex
Tél. : 0555772134
Mél. : bailimoges@ifrance.com

Lyon - 18, avenue Félix Faure
69998 Lyon Armées - Tél. : 0478586408
Mél. : bailyon@ifrance.com

Marseille - 117, rue Sainte-Cécile
13005 Marseille - Tél. : 0491805151
Mél. : baimarseille@ifrance.com

Melun - 2, rue Saint-Louis
77000 Melun - Tél. : 0164522770
Mél. : baimelun@ifrance.com

Montigny-lès-Metz
Quartier Reymond - 32 F, rue Général Franiatte - 57950 Montigny-lès-Metz
Tél. : 0387154156
Mél. : baimetz@wanadoo.fr

Montpellier - 2 bis, rue Pagesy
BP 2166 - 34027 Montpellier Cedex
Tél. : 0467585699
Mél. : b.bai70125montpellier@libertysurf.fr

Nancy - Caserne Thiry - Rue Sainte Catherine - Case officielle n° 52
54036 Nancy Cedex - Tél. : 0383326029
Mél. : bainancy@ifrance.com

Nantes - Quartier Richemont
14 bis, rue des Rochettes - BP 08
44998 Nantes Armées
Tél. : 0240742129
Mél. : bainantes@wanadoo.fr

Nice - 1 bis, rue Ségurane - 06300 Nice
Tél. : 0493859005
Mél. : bainice@ifrance.com

Orléans - 16, quai Barentin
45000 Orléans - Tél. : 0238538538
Mél. : baiorleans@wanadoo.fr

Paris - 163, rue de Sèvres
75015 Paris - Tél. : 0140560000
Mél. : bai.paris@freesurf.fr

Pau - 62, rue d'Etigny - BP 1602
64016 Pau Cedex - Tél. : 0559321002
Mél. : bai.pau@wanadoo.fr

Perpignan - 40, avenue Gilbert Brutus
BP 947 - 66020 Perpignan Cedex
Tél. : 0468346903
Mél. : baiperpignan@ifrance.com

Poitiers - 28, rue Arsène Orillard
BP 661 - 86023 Poitiers Cedex
Tél. : 0549886815
Mél. : baipoitiers@ifrance.com

Pontoise - 3, rue du 1er Dragons
95300 Pontoise - Tél. : 0130310703
Mél. : baipontoise@ifrance.com

Quimper - 1, rue du Pichery
BP 1702 - 29107 Quimper Cedex
Tél. : 0298951848
Mél. : bai.quimper@wanadoo.fr

Reims - 1, rue de Sillery
51100 Reims - Tél. : 0326853750
Mél. : bureau-air-information.base-aerienne-112@wanadoo.fr

Rennes - 20, rue du Docteur Francis Joly
BP 3283 - 35032 Rennes Cedex
Tél. : 0299307943
Mél. : bairennes@wanadoo.fr

Rouen - 16, rue Saint-Hilaire
76038 Rouen Cedex - Tél. : 0235700476
Mél. : bairouen@wanadoo.fr

Saint-Étienne - 31, rue Voltaire
BP 299 - 42014 Saint-Étienne Cedex 2
Tél. : 0477435992

Strasbourg - 3, rue de la Mésange
BP 1042/M - 67071 Strasbourg Cedex
Tél. : 0388220087
Mél. : baistrasbourg@ifrance.com

Toulon - 181, avenue du Maréchal Foch
BP 86 - 83800 Toulon Naval
Tél. : 0494021412

Toulouse - 4, rue Delpech
BP 535 - 31034 Toulouse Cedex
Tél. : 0561215971
Mél. : baitoulouse@wanadoo.fr

Tours - 4, rue du Docteur Herpin
BP 2650 - 37026 Tours Cedex
Tél. : 0247053793
Mél. : baitours@wanadoo.fr

Les bureaux d'information sur les carrières de la Marine (BICM)

Ajaccio - Quartier général Grossetti
BP 803 - Boulevard Albert 1er
20192 Ajaccio Cedex
Tél.: 0495216188

Amiens - 23/25, rue Jules Barni
BP 1738 - 80017 Amiens Cedex
Tél.: 0322223050

Besançon - Quartier Ruty
64, rue Bersot - BP 36
25998 Besançon Armées
Tél.: 0381814488

Béziers - 101, avenue Jean Moulin
BP 734 - 34521 Béziers Cedex
Tél.: 0467304930

Bordeaux - 38, quai des Chartrons
BP 19 - 33998 Bordeaux Armées
Tél.: 0556484494

Brest - 19, rue Yves Collet
29240 Brest Naval - Tél.: 0298221405

Brive - Résidence du Pont Cardinal
75, avenue de Paris - BP 408
19311 Brive-la-Gaillarde Cedex
Tél.: 0555743317

Caen - 1, rue Lebisez - 14000 Caen
Tél.: 0231946565

Clermont-Ferrand
11, boulevard Trudaine - BP 101
63035 Clermont-Ferrand Cedex 1
Tél.: 0473929026

Dijon - Caserne Vaillant - Avenue Garibaldi - BP 1585 - 21032 Dijon Cedex
Tél.: 0380303288

Fort-de-France - Fort Saint Louis
BP 619 - 97261 Fort-de-France
Tél.: 0596598917

Grenoble - Caserne de l'Alma
Rue Cornélie Gémont - BP 1196
38023 Grenoble Cedex 1
Tél.: 0476762239

Guyane - Base navale Degrad des Cannes - BP Marine - 00369 Armées
Tél.: 0594393004

La Réunion - Rond point La Glacière
97821 Le Port Cedex
Tél.: 0262551370

La Rochelle - 27, quai des Marans
17000 La Rochelle
Tél.: 0546282328

Lille - 47, rue Jacquemars Giélée
BP 50 - 59998 Lille Armées
Tél.: 0320576346

Lorient - 28 bis, quai des Indes
BP 34 - 56998 Lorient Naval
Tél.: 0297121111

Lyon - Quartier général Frère - 4, rue Nadaud - BP 14 - 69998 Lyon Armées
Tél.: 0437272670

Marseille - 28, rue des Catalans
13998 Marseille Armées
Tél.: 0491577839

Massy-Palaiseau - 28, avenue Carnot - 91300 Massy - Tél.: 0169194848

Metz - Caserne Ney - BP 57 - Place de la République - 57998 Metz Armées
Tél.: 0387744570

Nancy - Caserne Thiry
Case officielle n° 5 - 54035 Nancy Cedex
Tél.: 0383320363

Nantes - 66, rue de la Ville en Pierre
BP 11 - 44998 Nantes Armées
Tél.: 0240493544

Nice - 1 bis, rue Catherine Ségurane
BP 4137 - 06303 Nice Cedex 04
Tél.: 0493627688

Nogent-sur-Marne - 2, avenue Victor Hugo - 94130 Nogent-sur-Marne
Tél.: 0143943218

Nouvelle-Calédonie - Base navale de Nouméa - 00385 Armées
Tél.: 006 87255374

Orléans - 22, rue Émile Zola - BP 5309
45053 Orléans Cedex 1
Tél.: 0238421030

Paris - 15, rue de Laborde - 75008 Paris
Tél. : 0153428036

Pau - 6, boulevard d'Alsace-Lorraine
BP 1600 - 64016 Pau Cedex
Tél.: 0559302245

Polynésie - Papeete - SP 91325
00204 Armées - Tél.: 00689 46 50 09

Reims - 31, rue du Général Sarrail
BP 1432 - 51066 Reims Cedex
Tél.: 0326868984

Rennes - 49, mail François Mitterrand
BP 34 - 35998 Rennes Armées
Tél.: 0223464748

Rouen - 15, rue du Crosne - BP 618
76007 Rouen Cedex - Tél.: 0235708097

Saint-Brieuc - Centre Charner - BP 44
22022 Saint-Brieuc - Tél.: 0296781084

Saint-Pierre-et-Miquelon
Préfecture de Saint-Pierre-et-Miquelon
Place du Lieutenant Colonel Pigeaud
BP 4200 - 97500 Saint-Pierre-et-Miquelon
Tél.: 0508411010

Strasbourg - 1, rue de Saales
BP 1016 M - 67071 Strasbourg Cedex
Tél.: 0388756145

Toulon - 1, rue Anatole France - BP 924
83800 Toulon Naval - Tél.: 0494020086

Toulouse - Palais Niel - Rue Montoulieu St-Jacques - 31998 Toulouse Armées
Tél.: 0561255367

Tours - 42, rue Victor Hugo - BP 3845
37038 Tours Cedex - Tél.: 0247204646

Les centres d'information et de recrutement de la gendarmerie (CIRGEND)

Amiens - 1, rue Caumartin
80000 Amiens - Tél.: 0322721222

Besançon - 17, avenue Élisée Cusenier
25000 Besançon - Tél.: 0381821888

Bordeaux - 18, place Pey-Berland
33000 Bordeaux - Tél.: 0556522310

Caen - Hôtel de Than
11, bd du Maréchal Leclerc - 14000 Caen
Tél.: 0231156210

Clermont-Ferrand
Rue Rouget de l'Isle
63100 Clermont-Ferrand
Tél.: 0473413809

Corse - Les permanences sont assurées par les brigades de gendarmerie locales

Dijon - Centre commercial La Toison d'Or
21000 Dijon - Tél.: 0380715005

Dom-Tom
Les permanences sont assurées par les brigades de gendarmerie locales

Lille - 22, rue de l'hôpital militaire
59000 Lille - Tél.: 0320578999

Limoges
2, bd Carnot - 87000 Limoges
Tél.: 0555107070

Lyon - Centre commercial La Part Dieu (Niveau métro) - 69341 Lyon Cedex 03
Tél.: 0478953398

Marseille - 167, avenue de Toulon
13010 Marseille - Tél.: 0491805230

Metz - Centre commercial St-Jacques
3, place du forum - 57000 Metz
Tél.: 0387748537

Montpellier - 4, bd V. Hugo
34000 Montpellier - Tél.: 0467123999

Nantes - 2, place F. Fournier
44000 Nantes - Tél.: 0240202424

Orléans - 42, bd A. Martin
45000 Orléans - Tél.: 0238539095

Rouen - 17, rue Ambroise Fleury
76000 Rouen - Tél.: 0232081330

Paris - 121, boulevard Diderot
75012 Paris - Tél.: 0153173210

Poitiers - 5, rue Paul Guillon
86000 Poitiers - Tél.: 0549616666

Reims - Galerie du clair maret
10, rue Gambetta - 51100 Reims
Tél.: 0326079888

Rennes - 10, mail Anne Catherine (Parking Arsenal) - 35000 Rennes
Tél.: 0299650222

Strasbourg - 17D, rue de Molsheim
67000 Strasbourg - Tél.: 0388222333

Toulouse - 11, bd Lascrosse
31000 Toulouse - Tél.: 0561122220

Index

A • B

C • D

E

F

G

I

J • L

M

N • O

P

R • S

T

V

PARCOURS

CONSTRUIRE SON AVENIR

Les métiers de la santé
Les métiers du sport et des loisirs
Les métiers de l'internet
Les métiers de l'enseignement
Les métiers du graphisme & design
Les métiers des biotechnologies
Les métiers de la culture et du patrimoine
Les métiers du transport et de la logistique
Les métiers de la justice et de la sécurité
Les métiers de l'humanitaire
Les métiers de l'électronique et des télécoms
Les métiers de la Défense

Titres à paraître :
Les métiers de l'information
Les métiers de la nature et de l'environnement
Les métiers de l'image et du son
Les nouveaux métiers de l'industrie

ONISEP

100 PUBLICATIONS POUR S'INFORMER SUR LES ETUDES ET LES METIERS

Les dossiers : des références indispensables

Toutes les informations à connaître pour faire carrière dans la fonction publique.

Autres titres :
Réussir à l'université 9,15 €
Partir à l'étranger 8,38 €

Pour les lycéens

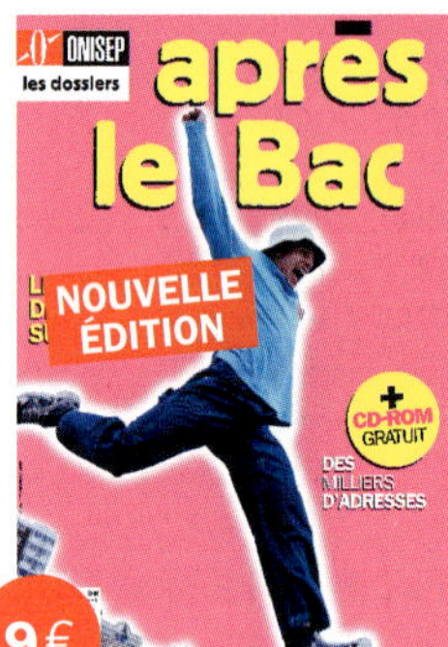

Le guide 2003 des études supérieures. Des milliers d'adresses pour réussir son avenir.

Autre titre :
Réussir au lycée (mai 2003) 9 €

Pour les collégiens

Toutes les informations utiles aux parents de collégiens pour bien suivre la scolarité de leur enfant et l'aider à mieux réussir.

Autre titre :
Le dico des métiers 9,15 €

POUR COMMANDER CES REVUES, ENVOYEZ UN CHÈQUE COMPRENANT 4€ DE FRAIS D'EXPÉDITION, À L'ORDRE DE L'AGENT COMPTABLE DE L'ONISEP, À : ONISEP-VPC - BP 86 LOGNES, 77423 MARNE-LA-VALLÉE CEDEX 2.

POUR PLUS D'INFORMATIONS, DEMANDEZ LE CATALOGUE GRATUIT DES PUBLICATIONS !

Par internet :
Bienvenue sur le site des métiers et des formations
www.onisep.fr

Par fax
auprès de notre service Relations clients au :
01 64 80 35 36

Par téléphone au :
Une information, un renseignement...
01.64.80.38.00
Un conseiller vous répond de 9 h à 17 h 30

Par courrier en écrivant à :
Onisep VPC, BP 86 Lognes, 77423 Marne-la-Vallée Cedex 2

• Des guides sur les études et les filières

• Des publications spécialisées sur les métiers, les formations et l'emploi

itres	Réf.	Prix	Qté	Total
INDISPENSABLES				
ès le bac 2003	900098	9 €	. . . . .	....
ssir à l'université	900946	9,15 €	. . . . .	....
ir à l'étranger	900942	8,38 €	. . . . .	....
ernational à la fac	900044	4,88 €	. . . . .	....
versité : se réorienter	900966	4,88 €	. . . . .	....
ges à l'université	900091	4,90 €	. . . . .	....
nces pro : premier bilan	900018	4,88 €	. . . . .	....
passerelles des universités vers écoles d'ingénieurs et de commerce	900093	4,90 €	. . . . .	....
Dico des Métiers	900029	9,15 €	. . . . .	....
ssir au Lycée (mai 2003)	900163	9 €	. . . . .	....
METIERS				
iculture - agroalimentaire				
culture - agroalimentaire	900977	8,38 €	. . . . .	....
ccuper d'animaux	900015	6,71 €	. . . . .	....
s - culture				
métiers du graphisme et design	900080	12 €	. . . . .	....
métiers de la culture et du patrimoine	900082	12 €	. . . . .	....
métiers du spectacle	900978	8,38 €	. . . . .	....
métiers de l'image et du son (juillet 2003)	900153	12 €	. . . . .	....
nmerce - droit				
métiers de la justice et de la sécurité	900087	12 €	. . . . .	....
keting - vente	900037	8,84 €	. . . . .	....
nce - Comptabilité	900010	0,04 €	. . . . .	....
uide des grandes écoles de commerce	900112	9 €	. . . . .	....
nces Po, les débouchés	900036	4,88 €	. . . . .	....
es de droit, les débouchés	900045	4,88 €	. . . . .	....
dier l'économie à l'université	900009	4,88 €	. . . . .	....
er son entreprise	900967	4,88 €	. . . . .	....
étariat et Comptabilité	900998	6,10 €	. . . . .	....
merce	900990	6,71 €	. . . . .	....
ction publique - armée				
métiers de la défense (février 2003)	900128	12 €	. . . . .	....
métiers de l'enseignement	900079	12 €	. . . . .	....
sir la fonction publique	900095	9 €	. . . . .	....
res - sciences humaines				
munication et journalisme	900975	8,84 €	. . . . .	....
métiers de l'information (mars 2003)	900147	12 €	. . . . .	....
hologues et sociologues	900981	8,38 €	. . . . .	....
études de sociologie	900092	4,90 €	. . . . .	....
es d'histoire, les débouchés	900089	4,90 €	. . . . .	....
éographie à l'université (avril 2003)	900151	4,90 €	. . . . .	....
es et langues	900968	4,57 €	. . . . .	....
hilosophie à l'université (février 2003)	900150	4,90 €	. . . . .	....
.C.				
imédia	900016	8,84 €	. . . . .	....
métiers de l'Internet	900053	12 €	. . . . .	....
matique	900021	8,84 €	. . . . .	....
métiers de l'électronique es télécommunications (janvier 2003)	900086	12 €	. . . . .	....
té - social				
métiers de la santé	900050	12 €	. . . . .	....
métiers de l'humanitaire (décembre 2002)	900085	12 €	. . . . .	....
ailler auprès des enfants	900980	8,38 €	. . . . .	....
essions sociales	900022	8,84 €	. . . . .	....
ts - nature - environnement				
métiers de la nature e l'environnement (avril 2003)	900148	12 €	. . . . .	....
métiers du sport et des loisirs	900051	12 €	. . . . .	....
sciences de la Terre (juin 2003)	900152	4,90 €	. . . . .	....
re et sport	900989	6,10 €	. . . . .	....
ailler en montagne	900988	6,10 €	. . . . .	....

Titres	Réf.	Prix	Qté	Total
Sciences - industrie				
Les métiers des biotechnologies	900083	12 €	. . . . .	....
BTP, Architecture, Urbanisme	900976	8,84 €	. . . . .	....
Le guide des écoles d'ingénieurs	900033	9 €	. . . . .	....
Les sciences pour l'ingénieur	900090	4,90 €	. . . . .	....
Maths à l'université	900006	4,88 €	. . . . .	....
Etudier la physique à l'université	900088	4,90 €	. . . . .	....
Les études de chimie	900046	4,88 €	. . . . .	....
La biologie	900969	4,57 €	. . . . .	....
La recherche	900970	4,57 €	. . . . .	....
Automobile	900020	6,71 €	. . . . .	....
Mécanique et Industrie	900999	6,10 €	. . . . .	....
Tourisme - hôtellerie - transports				
Les métiers du tourisme et des voyages (juin 2003)	900149	12 €	. . . . .	....
Les métiers du transport et de la logistique	900084	12 €	. . . . .	....
Hôtellerie - restauration - tourisme	900991	6,71 €	. . . . .	....

bon de commande

Pour commander, complétez ce bon et adressez-le à :
ONISEP VPC, BP 86 Lognes, 77423 Marne-la-Vallée Cedex 2

gratuit !

☐ Je désire recevoir gratuitement le catalogue des publications de l'Onisep

Bienvenue sur le site des métiers et des formations
www.onisep.fr

Une information, un renseignement...
01.64.80.38.00
Un conseiller vous répond de 9 h à 17 h 30

Votre adresse postale

Nom : . . . .

Adresse : . . . .

. . . .

Code postal : . . . . **Localité :** . . . .

Pays : . . . .

Mode de paiement

☐ Chèque bancaire ou postal à l'ordre de l'agent comptable de l'Onisep

☐ Je règle par carte bancaire

N° carte |_|_|_|_|_|_|_|_|_|_|_|_|_|_|_|_|

Expiration |_|_|_|_|

Les envois contre-remboursement, les paiements en timbres-poste et en espèces ne sont pas acceptés. Une facture sera jointe à la livraison.

Frais d'emballage et d'expédition

FRANCE : + 4 € (30566) - **DOM :** + 8 € (30585)
UE ET SUISSE : + 5 € (30583)
TOM ET ETRANGER HORS-UE : + 13 €* (30586)

* Pour toute commande hors Métropole, d'un montant supérieur à 152,45 €, un forfait de 30 € est appliqué.

CAT

Montant total en € ....
(incluant les frais d'expédition)

Date :	Signature :

Les métiers de la défense

Ministère de la Jeunesse, de l'Éducation nationale
et de la Recherche
Office national d'information sur les enseignements
et les professions
BP 86 Lognes - 77423 Marne-la-Vallée Cedex 2
Publication de l'ONISEP

Directeur de la publication : Jérôme Chapuisat
Directrice des Éditions : Arielle Girot
Chef du service des Publications : Annick Ghys
Secrétaire de rédaction : Christine Courtois
Rédaction : Françoise Arnaud, Jean-Yves Baglan,
Yves Bollet, Catherine Marc, Claire Martin
Directeur artistique : Pascal Le Coq
Conception-maquette : Evelyne Delzescaux, Pascal Le Coq

Documentation et ingénierie documentaire :
Chef du département : Catherine Méric
Chef de service : Valérie Forestiez
Documentaliste : Marie-Claire Crouzillat
Bibliothèque : Arlette Deroche
Réalisation du cédérom : Ingénierie documentaire
de l'ONISEP et Guy Ferlay

Fabrication :
Chef de fabrication : Marie-Christine Jugeau
Couverture : Pascal Le Coq
Maquettiste : SEPEG (France)
Iconographe et photographe : Brigitte Gilles de la Londe,
Sébastien Bujan
Illustrateur : Tino
Relecture : François Bernard, Georges Mollard
Photogravure-flashage : A'Graph

Diffusion, commercialisation marketing :
Chef du département : Sylvie Plantecoste
ONISEP VPC - BP 86 Lognes - 77423 Marne-la-Vallée Cedex 2
Internet : http://www.onisep.fr
Relations clients : 01 64 80 38 00
Diffusion distribution Belin : 500128

Publicité :
Régie exclusive de publicité : Mistral Média,
72, avenue du Dr Netter, 75012 Paris
Tél. : 01 40 02 99 00 - Fax : 01 40 02 99 01
Directeur commercial : Luc Lehericy
Directeur de publicité : David Richot
Plan de classement ONISEP : ARM 000000
Autodoc ONISEP : B 02-00
Code de diffusion ONISEP : 900128
ISSN : à venir
Imprimé par : Herissey (France)
Dépôt légal : janvier 2003